中国社会保险发展年度报告

2014

人力资源和社会保障部社会保险事业管理中心

中国劳动社会保障出版社

图书在版编目（CIP）数据

中国社会保险发展年度报告. 2014 / 人力资源和社会保障部社会保险事业管理中心组织编写. —北京：中国劳动社会保障出版社，2015

ISBN 978-7-5167-2013-4

Ⅰ. ①中…　Ⅱ. ①人…　Ⅲ. ①社会保险-经济发展-研究报告-中国-2014　Ⅳ. ①F842.61

中国版本图书馆CIP数据核字（2015）第120933号

中国劳动社会保障出版社出版发行

（北京市惠新东街 1 号　邮政编码：100029）

*

中青印刷厂印刷装订　　新华书店经销

787 毫米 ×1092 毫米　16 开本　7 印张　82 千字

2015 年 6 月第 1 版　　2015 年 6 月第 1 次印刷

定价：48.00 元

读者服务部电话：（010）64929211/64921644/84643933

发行部电话：（010）64961894

出版社网址：http://www.class.com.cn

前　　言

改革开放30多年来，在党中央、国务院的正确领导下，我国社会保障事业快速发展，取得了举世瞩目的伟大成就。当前，覆盖城乡的社会保障制度体系基本形成，基本养老保险实现制度全覆盖，全民医保基本实现，失业、工伤、生育保险参保人数持续增长；社会保险基金规模进一步扩大，各项保险待遇水平稳步提高；经办能力明显提升，服务质量持续改善。社会保障事业的发展有效地保障和改善了民生，促进了社会和谐稳定。为全面反映各项社会保险事业发展现状，维护广大人民群众对社会保障的知情权、参与权、监督权，更好地保障参保人员权益，根据国家有关政务公开的要求，从2015年开始，人力资源和社会保障部社会保险事业管理中心将以年度报告的形式定期向社会公众披露全国社会保险发展状况。《中国社会保险发展年度报告2014》首次向社会公开发布，重点反映了2014年各项社会保险制度的发展情况，并与2009年以来的相关数据进行了对比分析。我们将根据实践发展，不断改进、充实报告内容，完善信息披露形式，为建立健全更加公平、可持续的社会保障制度做出贡献。

编　者

2015年5月

目　　录

第一部分　基本养老保险

一、城镇职工基本养老保险

20世纪80年代初期，结合劳动制度改革，各地以地市县为统筹单位，开展了企业职工退休费用社会统筹试点。1991年，国务院印发《关于企业职工养老保险制度改革的决定》（国发〔1991〕33号），明确提出改变职工退休费完全由国家、企业包下来的办法，实行国家、企业、个人三方共同负担，建立基本养老保险、补充养老保险和职工个人储蓄性养老保险相结合的多层次养老保险制度。1995年，国务院印发《关于深化企业职工养老保险制度改革的通知》（国发〔1995〕6号），确立了社会统筹与个人账户相结合的基本养老保险制度。1997年，国务院印发《关于建立统一的企业职工基本养老保险制度的决定》（国发〔1997〕26号），在全国范围内统一了企业职工基本养老保险制度。1998年，党中央、国务院作出确保企业离退休人员基本养老金按时足额发放的重大决策。1999年，国务院发布《社会保险费征缴暂行条例》（国务院令第259号），以法规形式进一步明确了养老保险等社会保险制度覆盖范围和相关政策。2005年，国务院印发《关于完善企业职工基本养老保险制度的决定》（国发〔2005〕38号），统一了城镇个体工商户和灵活就业人员参保缴费政策，要求推进省级统筹，改革养老金计发办法，探索建立养老保险长效机制。2009年，国务院办公厅印发《关于转发人力资源社会保障

部 财政部城镇企业职工基本养老保险关系转移接续暂行办法的通知》（国办发〔2009〕66号），统一和规范了参保人员跨统筹地区流动养老保险关系转移接续政策，进一步推动了农民工参保工作。2010年，《中华人民共和国社会保险法》颁布，以法律形式对职工养老保险等制度进行了全面规范。2014年，人力资源社会保障部、财政部共同印发了《城乡养老保险制度衔接暂行办法》（人社部发〔2014〕17号），解决了参保人员在城镇职工养老保险制度和城乡居民养老保险制度之间的衔接问题。

经过30多年的改革发展，我国城镇职工基本养老保险工作取得重大进展，参保范围从国有单位向多种所有制企业扩展，从单位职工向灵活就业人员扩展，打破了不同经济所有制、不同就业形式、不同劳动者身份之间的界限。同时，征缴收入持续大幅增长，基金支撑能力不断增强，退休人员养老保险待遇水平稳步提高，养老保险制度在改革发展稳定的大局中发挥了重要作用。

（一）参保情况

截至2014年底，城镇职工基本养老保险参保人数达到34 124万人[1]，比上年增加1 906万人，增长5.9%；比2009年底增加10 574万人，年平均增长7.7%。

---

1 本报告数据均为统计数。部分数据因四舍五入的原因，存在着与分项合计不等的情况。增量及增长率根据四舍五入前数据计算。

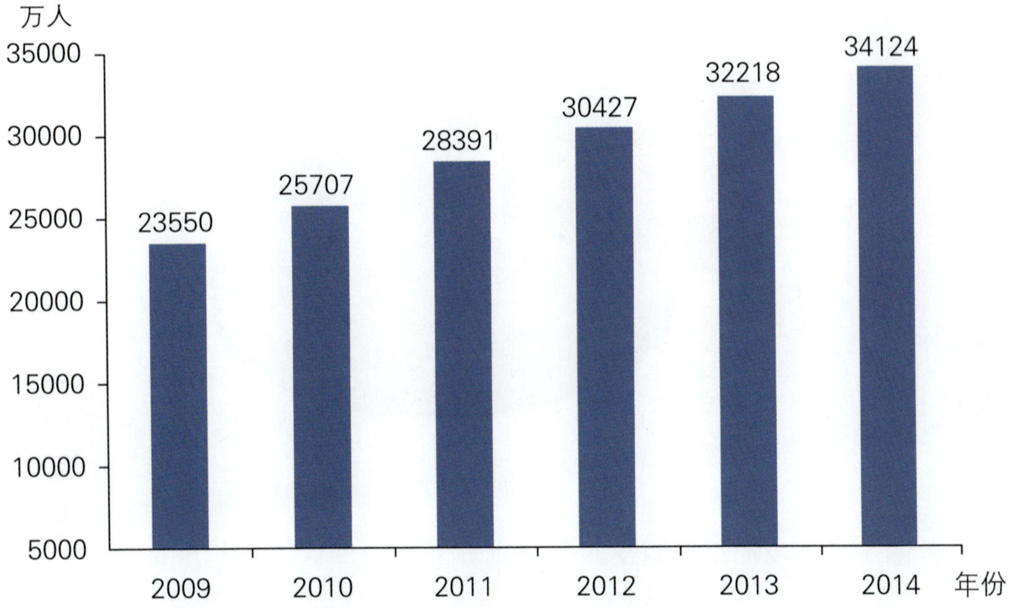

图 1—1　2009—2014 年城镇职工基本养老保险参保人数情况

1. 参保人员构成情况

（1）按单位类型

企业单位：截至 2014 年底，企业单位参保人数为 24 122 万人，占参保总人数的 70.7%，比上年增加 1 331 万人，增长 5.8%；比 2009 年底增加 7 100 万人，年平均增长 7.2%。

机关事业单位：截至 2014 年底，机关事业单位参保人数为 2 178 万人，占参保总人数的 6.4%，比上年增加 9 万人；比 2009 年底增加 195 万人，年平均增长 1.9%。

其他人员[1]：截至 2014 年底，参保人数为 7 824 万人，占参保总人数的 22.9%，比上年增加 566 万人，增长 7.8%；比 2009 年底增加 3 279 万人，年平均增长 11.5%。

[1] 其他人员：指城镇个体工商户、灵活就业人员等以个人身份参加城镇职工基本养老保险的人员，下同。

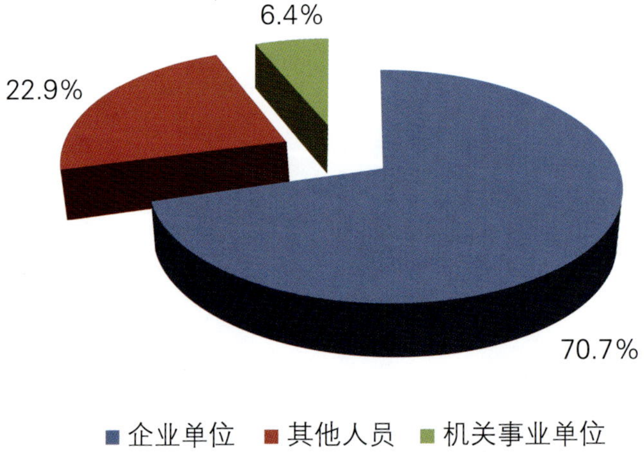

图 1—2 2014 年城镇职工基本养老保险参保人员构成情况

（2）按人员类别

职工：截至 2014 年底，参加城镇职工基本养老保险的职工人数为 25 531 万人，占参保总人数的 74.8%，比上年增加 1 354 万人，增长 5.6%；比 2009 年底增加 7 788 万人，年平均增长 7.5%。

其中，企业参保职工人数[1]为 23 932 万人，比上年增加 1 367 万人，增长 6.1%；比 2009 年底增加 7 713 万人，年平均增长 8.1%。

离退休人员：截至 2014 年底，参加城镇职工基本养老保险的离退休人员为 8 593 万人，比上年增加 552 万人，增长 6.9%；比 2009 年底增加 2 786 万人，年平均增长 8.2%。

其中，企业参保离退休人数达到 8 014 万人，比上年增加 529 万人，增长 7.1%；比 2009 年底增加 2 666 万人，年平均增长 8.4%。

---

[1] 企业参保职工人数：截至 2014 年底，机关事业单位养老保险只在部分地区开展改革探索或试点。以下重点报告企业（指企业单位和其他人员，下同）养老保险参保人数情况。

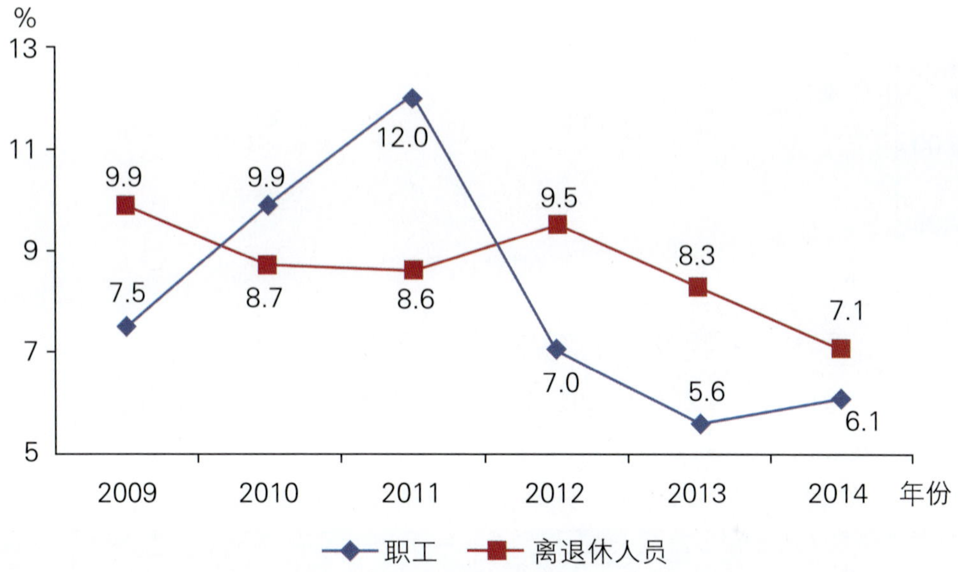

图 1—3　2009—2014 年企业参保职工和离退休人员增长率情况

抚养比[1]：2014 年，全国城镇职工基本养老保险抚养比为 2.97∶1，较上年（3.01∶1）下降 0.04。其中，企业养老保险抚养比由 2013 年的 3.01∶1 下降为 2.99∶1。企业养老保险抚养比较高的地区为广东（9.75∶1）、福建（5.52∶1）、北京（5.08∶1）、浙江（4.55∶1）；企业养老保险抚养比较低的地区为辽宁（1.95∶1）、甘肃（1.84∶1）、重庆（1.80∶1）、四川（1.78∶1）、内蒙古（1.72∶1）、新疆兵团（1.60∶1）、吉林（1.59∶1）、黑龙江（1.41∶1）。

[1] 抚养比：指参保职工人数与领取养老保险待遇人数的比值。

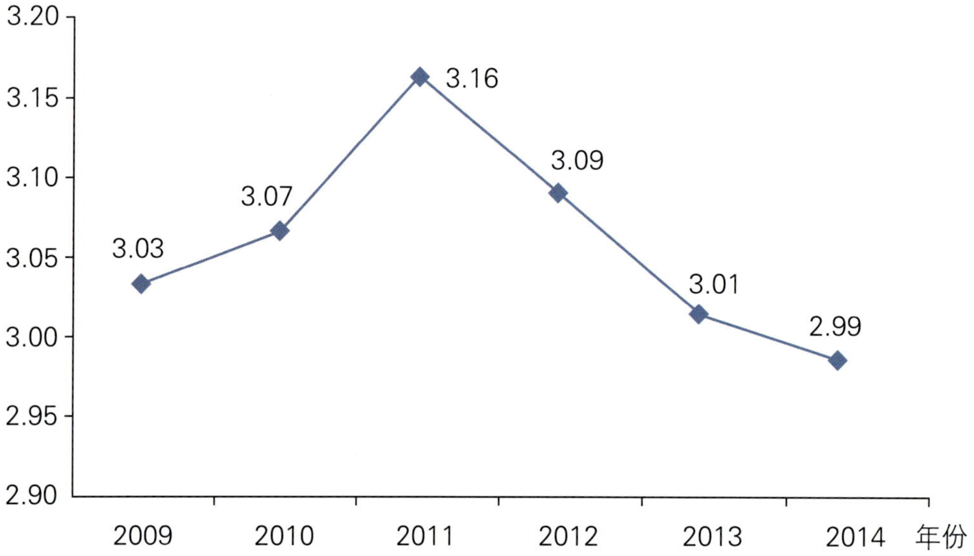

图 1—4 2009—2014 年企业养老保险抚养比情况

表 1—1 2014 年分地区企业养老保险抚养比情况

地区	抚养比	地区	抚养比
北京	5.08	湖北	2.00
天津	2.13	湖南	2.14
河北	2.52	广东	9.75
山西	2.45	广西	2.09
内蒙古	1.72	海南	2.97
辽宁	1.95	重庆	1.80
吉林	1.59	四川	1.78
黑龙江	1.41	贵州	3.11
上海	2.34	云南	2.35
江苏	3.29	西藏	2.75
浙江	4.55	陕西	2.58
安徽	2.58	甘肃	1.84
福建	5.52	青海	2.28
江西	2.52	宁夏	2.43
山东	3.87	新疆	2.69
河南	3.16	新疆兵团	1.60

2. 参保人数分省情况

从区域分布看，参保人数以东部地区和人口较多省份占多数。截至 2014 年底，广东、江苏、浙江、山东四省均超过 2 000 万人，四省合计 12 419 万人，占全国参保总人数的 36.4%。

表 1—2　2014 年分地区城镇职工基本养老保险参保人数情况

单位：万人

地区	参保人数	地区	参保人数
广东	4 809	江西	784
江苏	2 692	陕西	716
浙江	2 548	山西	692
山东	2 370	吉林	677
四川	1 840	广西	558
辽宁	1 769	天津	545
上海	1 457	内蒙古	525
河南	1 432	云南	398
北京	1 393	贵州	361
湖北	1 266	新疆	338
河北	1 262	甘肃	299
湖南	1 119	海南	242
黑龙江	1 090	新疆兵团	152
福建	848	宁夏	151
安徽	829	青海	95
重庆	826	西藏	15

3. 缴费人数情况

截至 2014 年底，城镇职工基本养老保险缴费人数为 20 948 万人，比上年增加 454 万人，增长 2.2%；比 2009 年底增加 5 254 万人，年平均增长 5.9 %。

且不稳定；二是部分人员对养老金计发“多缴多得、长缴多得”等政策不够了解，缴费年限累计满 15 年就不愿再继续缴费。另外，一些人在多地就业过程中未能及时接续养老保险关系，因而即使在新就业地已经参保也可能被原参保地统计为中断缴费人员。今后，随着政策制度的统一规范、信息系统的完善、管理水平的提高以及参保人员社会保险意识的增强，中断缴费现象可望逐步减少。

4. 跨地区养老保险关系转续人数情况

《城镇企业职工基本养老保险关系转移接续暂行办法》自 2010 年 1 月 1 日实施以来，办理企业职工基本养老保险关系跨省转续人数逐年增加。2014 年，全国共办理跨省转续达 182 万人次，比 2013 年增加 26 万人次，比 2010 年增长 5 倍多，五年累计办理跨省转续 561 万人次。办理跨省养老保险关系转出人数占全国企业职工参保人数的比例从 2010 年的 0.1% 增加到 2014 年的 0.3%。

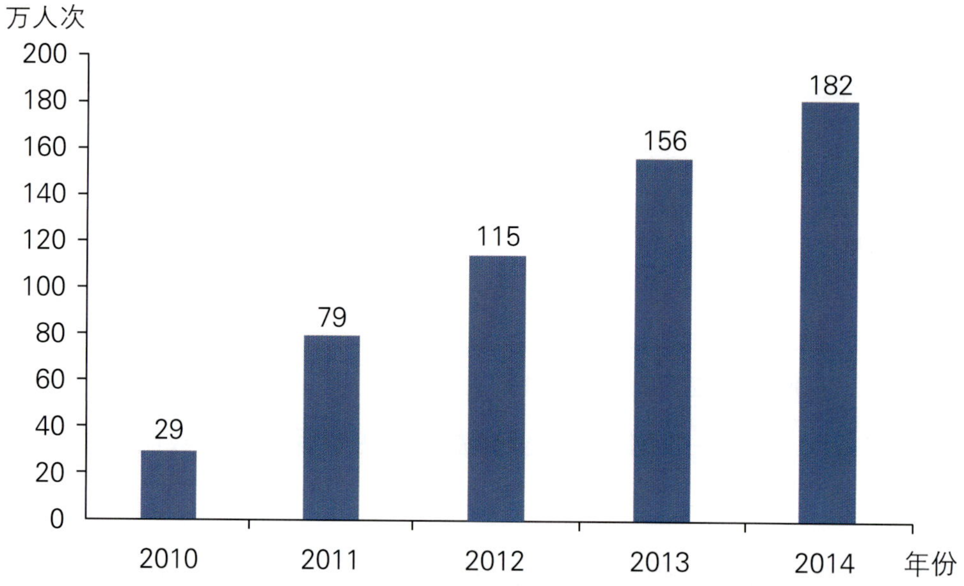

图 1—7　2010—2014 年城镇企业职工基本养老保险关系跨省转续人数情况

2014 年，全国跨省转移资金总计 346 亿元，其中转入资金 199 亿元，占转移资金的 57.5%；转出资金 147 亿元，占转移资金的 42.5%。2010—2014 年，全国跨省转移资金累计达 931 亿元。

表 1—4　2010—2014 年城镇职工基本养老保险关系跨省转移资金情况

单位：亿元

年份	转移资金	转入资金	转出资金
合计	931	485	446
2010	33	12	21
2011	105	43	62
2012	179	87	92
2013	268	144	124
2014	346	199	147

（二）基金收支情况

1. 基金总体情况

2014 年，城镇职工养老保险基金收支总规模达到 47 065 亿元，比上年增加 5 915 亿元，增长 14.4%；比 2009 年增加 26 680 亿元，年平均增长 18.2%。其中，基金总收入 25 310 亿元，比上年增加 2 630 亿元，增长 11.6%；比 2009 年增加 13 819 亿元，年平均增长 17.1%。基金总支出 21 755 亿元，比上年增加 3 285 亿元，增长 17.8%；比 2009 年增加 12 861 亿元，年平均增长 19.6%。累计结余 31 800 亿元，比上年增加 3 531 亿元，增长 12.5%；比 2009 年增加 19 274 亿元，年平均增长 20.5%。

表 1—5　2009—2014 年城镇职工养老保险基金收支情况

单位：亿元

年份	总收入	总支出	累计结余
2009	11 491	8 894	12 526
2010	13 420	10 555	15 365
2011	16 895	12 765	19 497
2012	20 001	15 562	23 941
2013	22 680	18 470	28 269
2014	25 310	21 755	31 800

2. 企业养老保险基金收支情况[1]

（1）基金收支规模

2014 年，企业养老保险基金总收入 23 305 亿元，比上年增加 2 456 亿元，增长 11.8%；比 2009 年增加 12 884 亿元，年平均增长 17.5%。基金总支出 19 847 亿元，比上年增加 3 106 亿元，增长 18.6%；比 2009 年增加 11 960 亿元，年平均增长 20.3%。累计结余 30 626 亿元，比上年增加 3 434 亿元，增长 12.6%；比 2009 年增加 18 852 亿元，年平均增长 21.1%。

表 1—6　2009—2014 年企业养老保险基金收支情况

单位：亿元

年份	总收入	总支出	累计结余
2009	10 421	7 887	11 774
2010	12 218	9 410	14 547

[1] 企业养老保险基金收支情况：由于机关事业单位养老保险未在全国普遍开展，机关事业单位养老保险基金收支占城镇职工养老保险基金收支总体规模的比例较小。以下重点报告企业（企业单位和其他人员）养老保险基金收支情况。

续表

年份	总收入	总支出	累计结余
2011	15 485	11 426	18 608
2012	18 363	14 009	22 968
2013	20 849	16 741	27 192
2014	23 305	19 847	30 626

（2）基金收支分省情况

从区域分布看，2014 年企业养老保险收入超过 1 000 亿元的有北京、辽宁、上海、江苏、浙江、山东、广东、四川，8 个省份的基金收入占总收入的 52.7%。支出超过 1 000 亿元的有辽宁、上海、江苏、浙江、山东、广东、四川，7 个省份的基金支出占总支出的 44.7%。

表 1—7　2014 年分地区城镇企业职工养老保险基金收支情况

单位：亿元

地区	收入	支出	累计结余	地区	收入	支出	累计结余
北京	1 331	842	2 161	湖北	925	891	799
天津	518	472	363	湖南	701	625	819
河北	762	771	700	广东	1 971	1 239	5 128
山西	581	481	1 169	广西	414	412	448
内蒙古	479	465	456	海南	115	115	103
辽宁	1 432	1 372	1 289	重庆	673	569	652
吉林	519	517	424	四川	1 473	1 221	1 927
黑龙江	834	939	270	贵州	257	206	397
上海	1 540	1 346	1 262	云南	344	275	558
江苏	1 742	1 407	2 793	西藏	23	15	40

续表

地区	收入	支出	累计结余	地区	收入	支出	累计结余
浙江	1 501	1 111	2 632	陕西	545	516	420
安徽	638	500	880	甘肃	297	258	359
福建	363	293	426	青海	93	91	84
江西	480	437	410	宁夏	117	118	165
山东	1 283	1 171	1 933	新疆	341	254	659
河南	838	752	860	新疆兵团	174	167	42

（3）基金收入构成情况

基金收入构成：2014 年，企业养老保险基金总收入 23 305 亿元，其中征缴收入 18 720 亿元，财政补助 3 309 亿元，利息收入 845 亿元，其他收入 431 亿元，分别占总收入的 80.4%、14.2%、3.6%、1.8%。

表 1—8 2009—2014 年企业养老保险基金总收入构成情况

年份	总收入（亿元）	# 征缴收入（亿元）	占总收入比例（%）	# 财政补助（亿元）	占总收入比例（%）	# 利息收入（亿元）	占总收入比例（%）	# 其他收入（亿元）	占总收入比例（%）
2009	10 421	8 596	82.5	1 538	14.8	228	2.2	59	0.5
2010	12 218	10 067	82.4	1 815	14.9	260	2.1	76	0.6
2011	15 485	12 750	82.3	2 096	13.5	423	2.8	216	1.4
2012	18 363	15 086	82.2	2 430	13.2	546	3.0	301	1.6
2013	20 849	17 050	81.8	2 817	13.5	605	2.9	377	1.8
2014	23 305	18 720	80.4	3 309	14.2	845	3.6	431	1.8

2009—2014 年，企业养老保险基金收益率分别为 2.2%、2.0%、2.5%、2.6%、2.4%、2.9%，低于同期一年期银行存款利率。主要原因，一是结余基金分散存放，没有形成规模效应；二是出于安全考虑，绝大部分结余资金都存在银行。根据 2011 年审计署公布的全国社会保障审计结果，3 万亿的社会保险基金结余中，有 96.5% 的基金结余以银行存款形式存在。

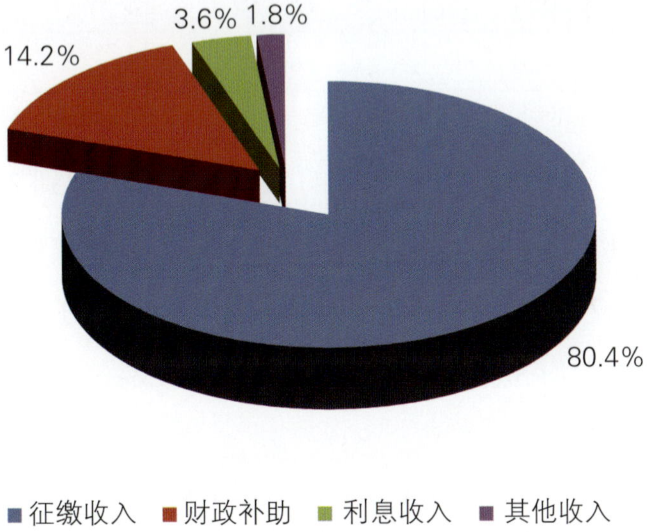

图 1—8　2014 年企业养老保险基金总收入构成情况

基金征缴收入：2014 年，企业养老保险征缴收入 18 720 亿元，比上年增加 1 670 亿元，增长 9.8%；比 2009 年增加 10 124 亿元，年平均增长 16.8%。其中，当期征缴收入[1] 16 807 亿元，占全部征缴收入的 89.8%，比上年增加 1 577 亿元，增长 10.4%；比 2009 年增加 9 385 亿元，年平均增长 17.8%。其他收入[2] 1 913 亿元，占全部征缴收入的 10.2%，比上年增加 93 亿元；比 2009 年增加 739 亿元，年平均增长 10.3%。

---

1 当期征缴收入：指当期按缴费基数、缴费人数、费率核定征缴到账的养老保险费。

2 其他收入：含预缴、补缴、清理欠费等收入。

表 1—9　2009—2014 年企业养老保险基金征缴收入情况

年份	征缴收入（亿元）		
		# 当期征缴（亿元）	占征缴收入的比例（%）
2009	8 596	7 422	86.3
2010	10 067	8 795	87.4
2011	12 750	10 893	85.4
2012	15 086	13 196	87.5
2013	17 050	15 230	89.4
2014	18 720	16 807	89.8

征缴收入中个人缴费从 2009 年的 2 931 亿元增加到 2014 年的 6 876 亿元，增加 3 945 亿元，年平均增长 18.6%，占征缴收入的比例也从 34.1% 增加到 36.7%。个人平均缴费基数从 2009 年的月人均 1 860 元增加到 2014 年的月人均 3 037 元，年平均增长 10.3%。

表 1—10　2009—2014 年企业养老保险个人缴费占征缴收入的比例情况

年份	征缴收入（亿元）				个人平均缴费基数（元/月）	个人平均缴费基数增量（元/月）
		# 个人缴费（亿元）	个人缴费年增量（亿元）	个人缴费占征缴收入的比例（%）		
2009	8 596	2 931	425	34.1	1 860	191
2010	10 067	3 641	710	36.2	2 016	156
2011	12 750	4 829	1 188	37.9	2 281	265
2012	15 086	5 734	905	38.0	2 550	269
2013	17 050	6 323	589	37.1	2 814	264
2014	18 720	6 876	553	36.7	3 037	223

财政补助收入：2014 年，中央财政补助为 3 027 亿元，占企业养老保险基金总收入的 13.0%，比上年增加 491 亿元，增长 19.3%；比 2009 年增加 1 807 亿元，年平均增长 19.9%。近几年来，占整个企业养老保险基金总收入的比重为 12% ~ 13%。

2014 年，地方财政补助为 282 亿元，占总收入的 1.2%，比上年增加 28 亿元。2014 年，地方财政投入在 10 亿元以上的有重庆、上海、辽宁、天津、江苏、湖北、湖南 7 个省份。

表 1—11　2009—2014 年企业养老保险中央财政和地方财政补助[1]情况

年份	总收入（亿元）	中央财政补助（亿元）	比例（%）	地方财政补助（亿元）	比例（%）
2009	10 421	1 220	11.7	318	3.1
2010	12 218	1 585	13.0	230	1.9
2011	15 485	1 852	12.0	244	1.6
2012	18 363	2 069	11.3	361	2.0
2013	20 848	2 536	12.3	254	1.2
2014	23 305	3 027	13.0	282	1.2

（4）基金支出情况

2014 年，企业养老保险基本养老金支出 19 847 亿元，比上年增加 3 106 亿元，增长 18.6%；比 2009 年增加 11 960 亿元，增长 1.5 倍多，年平均增长 20.3%。

[1] 中央财政和地方财政补助：为实际到账数。

表 1—12　2009—2014 年企业养老保险养老金支出情况

年份	养老金支出（亿元）	# 个人账户基金支出（亿元）	较上年增加额（亿元）	增长率（%）
2009	7 887	295	1 379	21.2
2010	9 410	343	1 523	19.3
2011	11 426	444	2 016	21.4
2012	14 009	580	2 583	22.6
2013	16 741	719	2 732	19.5
2014	19 847	871	3 106	18.6

影响基本养老金支出增加的主要因素，一是养老金水平提高。2014年企业离退休人员月人均养老金比 2013 年增加 194 元，当年养老金增支 1 729 亿元，占整个养老金增支额的 55.7%。二是退休人员增加。随着人口老龄化加快，加上未参保集体企业退休人员等群体一次性纳入及提前退休等原因，退休人数比上年底增加 529 万人，影响养老金增支 1 186 亿元，占整个养老金增支额的 38.2%。

（5）基金结余情况

截至 2014 年底，企业养老保险基金累计结余 30 626 亿元，比上年增加 3 434 亿元，增长 12.6%；比 2009 年增加 18 852 亿元，增长 1.6 倍多，年平均增长 21.1%。全国累计结余超过 1 000 亿元的有广东、江苏、浙江、北京、山东、四川、辽宁、上海、山西 9 个省份，共计 20 291 亿元，占全部累计结余的 66.3%。

表 1—13　2009—2014 年企业养老保险基金累计结余情况

年份	累计结余（亿元）	可支付月数[1]（月）
2009	11 774	17.9
2010	14 547	18.6
2011	18 608	19.5
2012	22 968	19.7
2013	27 192	19.5
2014	30 626	18.5

2014 年，全国平均可支付月数 18.5 个月，比上年下降 1 个月。2009 年以来，基金支撑能力基本稳定在 18 ~ 19 个月之间。但地区间存在较大差异，黑龙江、天津、陕西、吉林 4 个省市和新疆兵团的可支付月数在 10 个月以下。

表 1—14　2014 年分地区企业养老保险基金可支付月数情况

地区	累计结余（亿元）	可支付月数（月）	地区	累计结余（亿元）	可支付月数（月）
广东	5 128	49.7	重庆	652	13.8
西藏	40	32.6	河南	860	13.7
新疆	659	31.2	广西	448	13.0
北京	2 161	30.8	内蒙古	456	11.8
山西	1 169	29.2	江西	410	11.3
浙江	2 632	28.4	辽宁	1 289	11.3
云南	558	24.3	上海	1 262	11.2
江苏	2 793	23.8	青海	84	11.1
贵州	397	23.1	河北	700	10.9
安徽	880	21.1	湖北	799	10.8

[1] 可支付月数：指基金累计结余除以每月的养老金总支出（年度养老金总支出除以 12）得到的月数。

续表

地区	累计结余（亿元）	可支付月数（月）	地区	累计结余（亿元）	可支付月数（月）
山东	1 933	19.8	海南	103	10.7
四川	1 927	18.9	吉林	424	9.8
福建	426	17.4	陕西	420	9.8
宁夏	165	16.8	天津	363	9.2
甘肃	359	16.7	黑龙江	270	3.5
湖南	819	15.7	新疆兵团	42	3.0

（三）离退休人员养老金水平情况

1. 养老金水平情况

2014 年，企业离退休人员月人均养老金 2 061 元（离休人员月人均养老金 4 664 元），当期发放无拖欠。

2014 年，按照国务院统一部署，实施了从 2005 年起连续第十年企业退休人员养老金调整，企业退休人员月人均养老金达到 2 050 元，比上年增加 194 元，增长 10.5%；比 2009 年增加 825 元，增长 67.3%，年平均增长 10.8%。

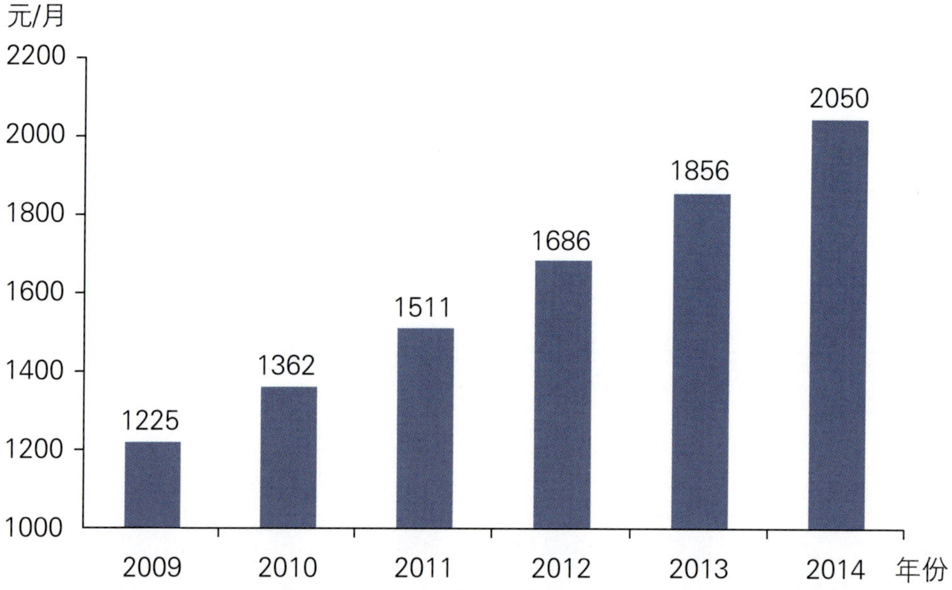

图 1—9　2009—2014 年企业退休人员养老金水平情况

2. 企业养老金替代率[1]情况

（1）人均缴费基数情况

2014 年，企业养老保险月人均缴费基数为 3 037 元，比上年增加 223 元，增长 7.9%；比 2009 年增加 1 177 元，年平均增长 10.3%。

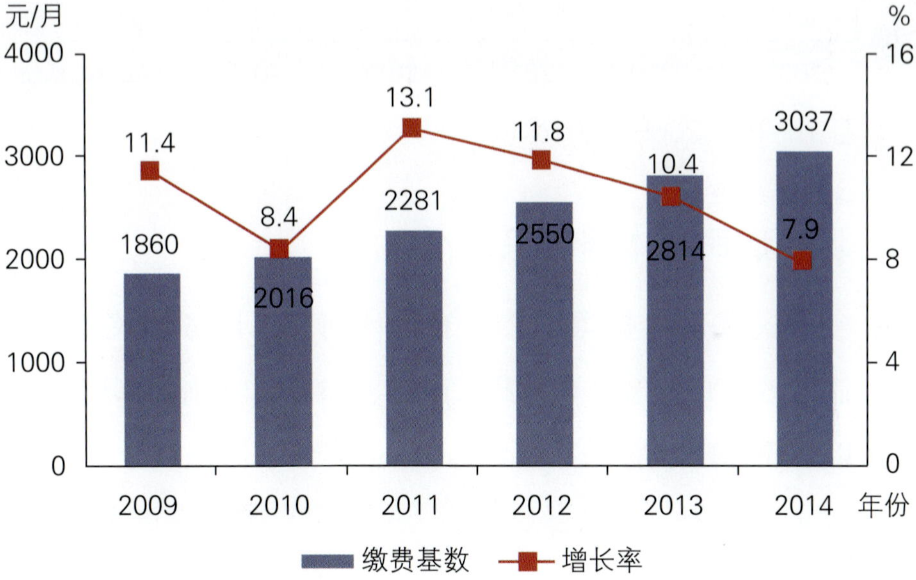

图 1—10　2009—2014 年企业职工缴费基数变化情况

（2）替代率情况

2014 年，企业退休人员养老金替代率为 67.5%，比上年增长 1.5 个百分点，与 2010 年（67.6%）基本持平。

---

[1] 替代率：指人均基本养老金与人均缴费基数之比。

图 1—11　2009—2014 年企业退休人员养老金替代率情况

二、城乡居民基本养老保险

1991 年，民政部根据国家“七五”计划和《国务院关于企业职工养老保险制度改革的决定》（国发〔1991〕33 号）开始组织农村社会养老保险（以下简称“老农保”）试点。在总结老农保试点经验的基础上，2008 年，党的十七届三中全会通过的《中共中央关于推进农村改革发展若干重大问题的决定》明确提出：“按照个人缴费、集体补助、政府补贴相结合的要求，建立新型农村社会养老保险制度。”2009 年，国务院印发《关于开展新型农村社会养老保险试点的指导意见》（国发〔2009〕32 号），启动新型农村社会养老保险（以下简称“新农保”）试点。2011 年，国务院印发《关于开展城镇居民社会养老保险试点的指导意见》（国发〔2011〕18 号），开展城镇居民社会养老保险（以下简称“城居保”）试点。2012 年，全国所有县级行政区基本实现新农保和城居保制度全覆盖，填补了我国农村居民和城镇非就业居民养老保险长期以来的制度空白，为人人享有养老保险打下制度基础。2014 年，国务院印发《关于建立统一的城乡居民基本养老保险制度的意见》（国发〔2014〕8 号），决定将新农保和城居保两项制度合并实施，在全国范围内建立统一的城乡居民基本养老保险制度。城乡居民基本养老保险在实现制度全覆盖的基础上，参保人数稳步增长，基金规模持续扩大，制度总体运行状况良好。

（一）参保情况

截至 2014 年底，全国城乡居民基本养老保险参保人数达到 50 107 万人，比上年增加 357 万人，增长 0.7%；比 2010 年增加 39 830 万人，年平均增长 48.6%。其中，60 岁以下参保人数为 35 366 万人，占参保总人数的 70.6%。

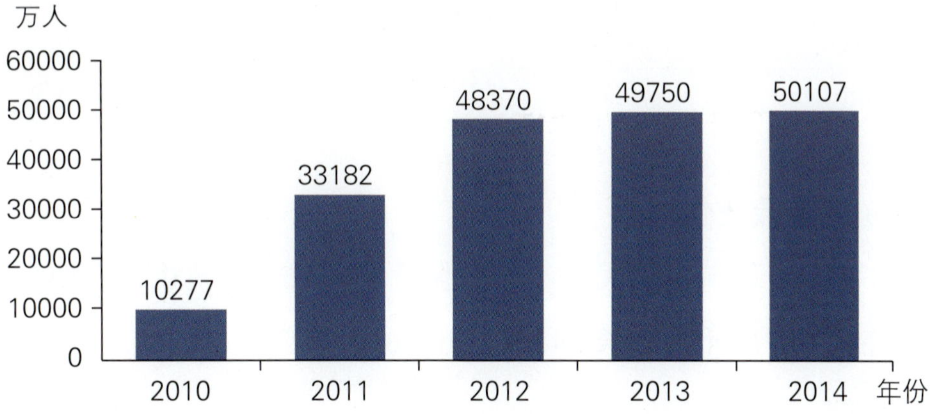

图 1—12　2010—2014 年城乡居民基本养老保险参保人数情况

表 1—15　2014 年分地区城乡居民基本养老保险参保人数情况

单位：万人

地区	参保人数	地区	参保人数
北京	186	湖北	2 231
天津	106	湖南	3 298
河北	3 404	广东	2 408
山西	1 537	广西	1 714
内蒙古	762	海南	275
辽宁	1 032	重庆	1 113

续表

地区	参保人数	地区	参保人数
吉林	655	四川	3 014
黑龙江	822	贵州	1 587
上海	78	云南	2 160
江苏	2 348	西藏	141
浙江	1 342	陕西	1 711
安徽	3 337	甘肃	1 240
福建	1 473	青海	225
江西	1 798	宁夏	182
山东	4 540	新疆	531
河南	4 844	新疆兵团	15

（二）基金收支情况

2014 年，全国城乡居民基本养老保险基金收支规模达到 3 881 亿元，比上年增加 481 亿元，增长 14.1%；比 2010 年增加 3 228 亿元，年平均增长 56.1%。

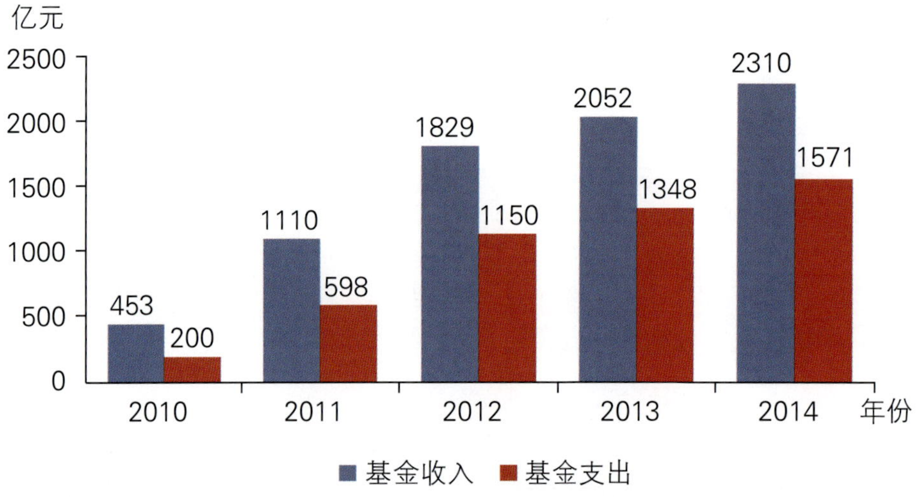

图 1—13　2010—2014 年城乡居民基本养老保险基金收支情况

2014 年，全国城乡居民基本养老保险基金收入 2 310 亿元，比上年增加 258 亿元，增长 12.6%；比 2010 年增加 1 857 亿元，年平均增长 50.2%。基金支出 1 571 亿元，比上年增加 223 亿元，增长 16.5%；比 2010 年增加 1 371 亿元，年平均增长 67.3%。

表 1—16　2014 年分地区城乡居民基本养老保险基金收支情况

单位：亿元

地区	收入	支出	地区	收入	支出
北京	37	21	湖北	80	52
天津	42	20	湖南	98	65
河北	100	64	广东	181	106
山西	54	32	广西	60	49
内蒙古	34	29	海南	14	9
辽宁	46	37	重庆	64	41
吉林	22	16	四川	151	111
黑龙江	26	19	贵州	48	32
上海	43	41	云南	66	36
江苏	215	176	西藏	6	3
浙江	137	127	陕西	73	47
安徽	109	65	甘肃	42	24
福建	58	39	青海	10	6
江西	49	29	宁夏	8	5
山东	266	157	新疆	18	9
河南	153	100	新疆兵团	1	0.1

1. 基金收入构成情况

2014 年城乡居民基本养老保险基金收入中，个人缴费收入 666 亿元，占基金总收入的 28.8%；集体补助（资助收入）收入 14 亿元，占基金总收入的 0.6%；财政补助收入 1 498 亿元，占基金总收入的 64.9%；利息、转移及其他收入 132 亿元，占基金总收入的 5.7%。

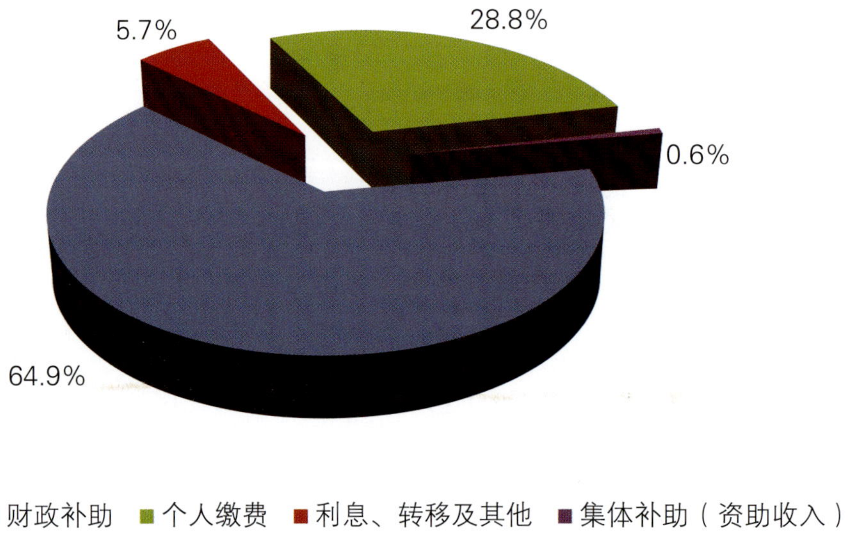

图 1—14　2014 年城乡居民基本养老保险基金收入构成情况

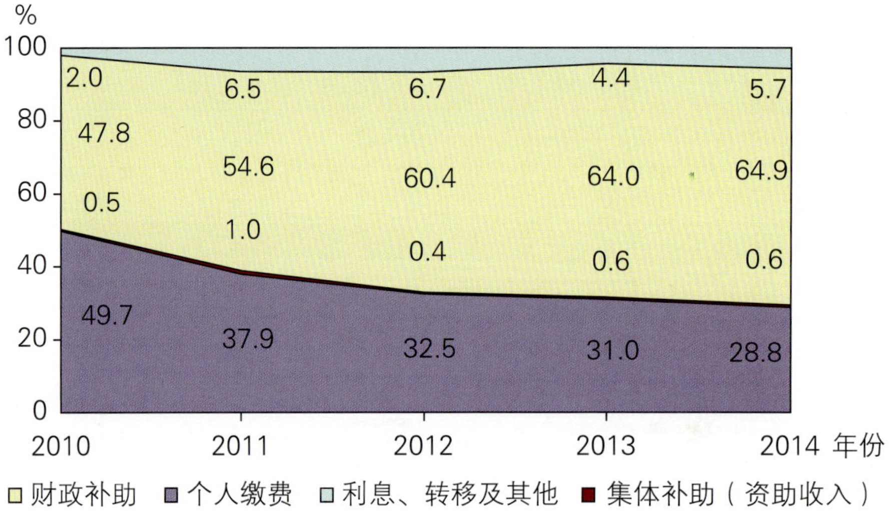

图 1—15　2010—2014 年城乡居民基本养老保险基金收入构成情况

2014 年，全国人均个人缴费 216 元，较上年增加 25 元，增长 13.2%。

表 1—17　2014 年分地区城乡居民基本养老保险人均个人缴费额情况

单位：元 / 年

地区	人均个人缴费额	地区	人均个人缴费额
北京	980	湖北	155
天津	1 018	湖南	117
河北	126	广东	415
山西	163	广西	130
内蒙古	210	海南	154
辽宁	140	重庆	227
吉林	167	四川	392
黑龙江	198	贵州	122
上海	1 071	云南	138
江苏	424	西藏	113
浙江	413	陕西	160
安徽	148	甘肃	153
福建	142	青海	187
江西	118	宁夏	187
山东	415	新疆	148
河南	123	新疆兵团	377

2. 基金支出构成情况

2014 年城乡居民基本养老保险基金支出 1 571 亿元中，基础养老金支出 1 376 亿元，占基金总支出的 87.6%；个人账户养老金支出 157 亿元，占基金总支出的 9.9%；转移和其他支出 38 亿元，占基金总支出的 2.5%。

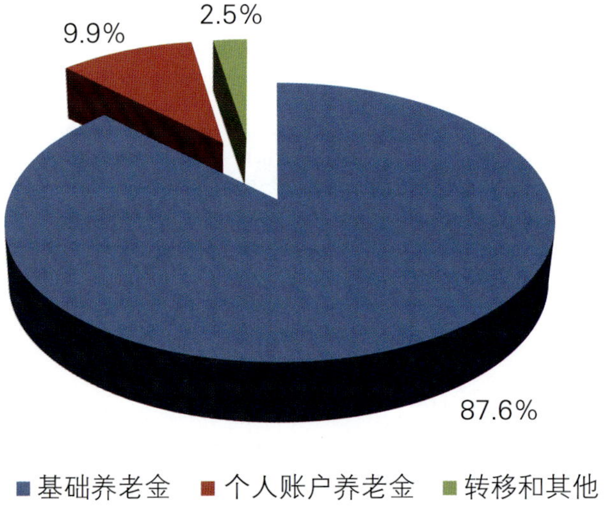

图 1—16　2014 年城乡居民基本养老保险基金支出构成情况

2014 年，全国城乡居民基本养老保险月人均养老金水平为 90 元 / 月，比上年提高 8 元。

3. 基金累计结余情况

2014 年底，全国城乡居民基本养老保险基金累计结余 3 845 亿元，比上年增加 839 亿元，增长 27.9%；比 2010 年增加 3 422 亿元，年平均增长 73.6%。

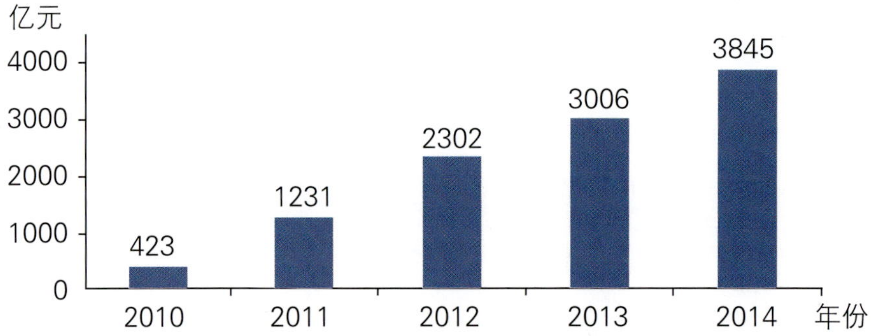

图 1—17　2010—2014 年城乡居民基本养老保险基金累计结余情况

表 1—18　2014 年分地区城乡居民基本养老保险基金累计结余情况

单位：亿元

地区	累计结余	地区	累计结余
北京	117	湖北	136
天津	128	湖南	144
河北	169	广东	298
山西	99	广西	66
内蒙古	63	海南	20
辽宁	50	重庆	89
吉林	36	四川	255
黑龙江	50	贵州	60
上海	74	云南	125
江苏	380	西藏	9
浙江	139	陕西	122
安徽	177	甘肃	78
福建	83	青海	16
江西	90	宁夏	16
山东	469	新疆	41
河南	243	新疆兵团	2

1. 参保人员构成情况

（1）按单位类型

企业单位：截至 2014 年底，企业单位参保人数为 19 444 万人，占参保总人数的 68.7%，比上年增加 586 万人，增长 3.1%；比 2009 年增加 4 785 万人，年平均增长 5.8%。

机关事业单位：截至 2014 年底，机关事业单位参保人数为 5 705 万人，占参保总人数的 20.2%，比上年增加 104 万人，增长 1.9%；比 2009 年增加 712 万人，年平均增长 2.7%。

其他人员[1]：截至 2014 年底，参保人数为 3 147 万人，占参保总人数的 11.1%，比上年增加 163 万人，增长 5.5%；比 2009 年增加 862 万人，年平均增长 6.6%。

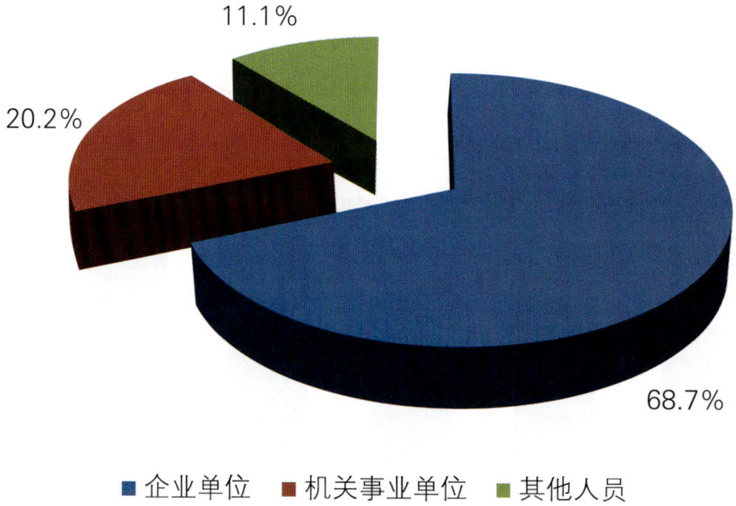

图 2—2　2014 年职工基本医疗保险参保人员构成情况

[1] 其他人员：口径与基本养老保险相同。

（2）按人员类别

职工：截至 2014 年底，参加职工基本医疗保险的在职人数为 21 041 万人，占参保总人数的 74.4%，比上年增加 540 万人，增长 2.6%；比 2009 年增加 4 630 万人，年平均增长 5.1%。

退休人员：截至 2014 年底，参加职工基本医疗保险的退休人员为 7 255 万人，占参保总人数的 25.6%，比上年增加 313 万人，增长 4.5%；比 2009 年增加 1 728 万人，年平均增长 5.6%。

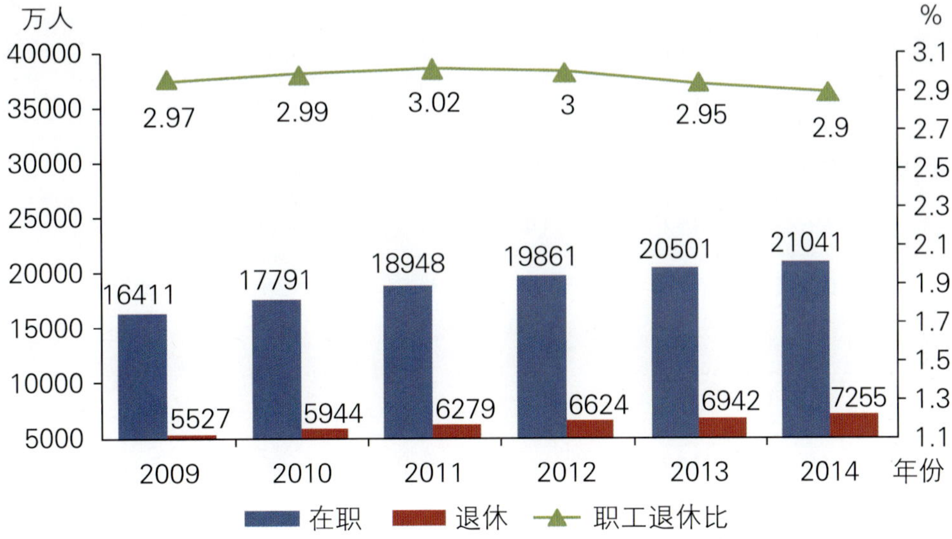

图 2—3　2009—2014 年职工基本医疗保险参保人员情况

职工退休比[1]：2014 年职工退休比为 2.90，比上年下降 0.05 个百分点，比 2009 年下降 0.07 个百分点。24 个省份职工退休比均低于全国平均水平。

[1] 职工退休比：指职工人数与退休人员人数之比。根据职工医保政策，退休人员不缴费，而退休人员人均医疗消费大大高于职工，职工退休比下降提示基金收入减少、支出增加。

表 2—1　2014 年分地区职工基本医疗保险参保人员情况

单位：万人

地区	职工	退休人员	职工退休比	地区	职工	退休人员	职工退休比
北京	1 171	260	4.50	湖北	646	287	2.25
天津	326	184	1.78	湖南	546	262	2.09
河北	658	286	2.30	广东	3 226	421	7.66
山西	482	176	2.74	广西	339	144	2.36
内蒙古	332	139	2.40	海南	138	54	2.57
辽宁	1 072	577	1.86	重庆	409	167	2.45
吉林	378	197	1.91	四川	922	408	2.26
黑龙江	550	324	1.69	贵州	255	100	2.55
上海	968	453	2.14	云南	324	139	2.34
江苏	1 785	577	3.09	西藏	25	8	3.24
浙江	1 576	324	4.86	陕西	390	184	2.11
安徽	528	212	2.49	甘肃	206	96	2.14
福建	594	143	4.16	青海	64	29	2.20
江西	381	198	1.93	宁夏	85	31	2.74
山东	1 449	411	3.52	新疆	281	88	3.21
河南	855	327	2.61	新疆兵团	79	50	1.56

2. 跨地区基本医保关系转移接续情况

人力资源社会保障部、卫生部、财政部联合印发的《流动就业人员基本医疗保障关系转移接续暂行办法》（人社部发〔2009〕191 号）自 2010 年 7 月 1 日起实施以来，办理基本医疗保障关系转移接续人数逐年增加。2014 年全国办理跨统筹地区医保关系转移接续 163 万人次，比上年增加

43 万人次，累计办理转续 436 万人次。

（二）基金收支情况

2014 年，职工基本医疗保险基金收支总规模达到 14 735 亿元，比上年增加 1 843 亿元，增长 14.3%；比 2009 年增加 8 685 亿元，年平均增长 19.5%。

1. 基金收入情况

2014 年，职工基本医疗保险基金收入 8 038 亿元，比上年增加 976 亿元，增长 13.8%；比 2009 年增加 4 618 亿元，年平均增长 18.6%。

其中，统筹基金收入 4 911 亿元，占基金收入的 61.1%，比上年增加 626 亿元，增长 14.6%；比 2009 年增加 2 812 亿元，年平均增长 18.5%。

个人账户收入 3 127 亿元，占基金收入的 38.9%，比上年增加 350 亿元，增长 12.6%；比 2009 年增加 1 806 亿元，年平均增长 18.8%。

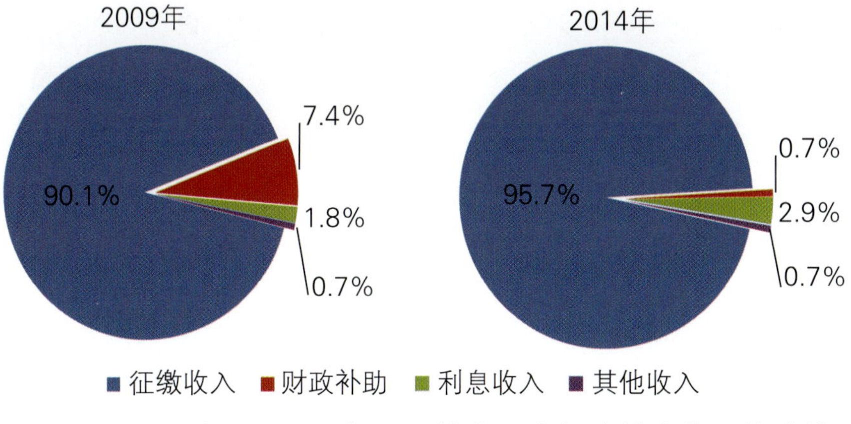

图 2—4　2009 年和 2014 年职工基本医疗保险基金收入构成情况

2014 年，职工基本医疗保险征缴收入 7 692 亿元，财政补助 58 亿元，利息收入 232 亿元，其他收入 56 亿元，分别占总收入的 95.7%、0.7%、2.9%、0.7%。除其他收入占比持平以外，征缴收入、财政补助和利息收入占比分别比 2009 年增加 5.6 个百分点、减少 6.7 个百分点、增加 1.1 个百分点。

2. **基金支出情况**

2014 年，职工基本医疗保险基金支出 6 697 亿元，比上年增加 867 亿元，增长 14.9%，高于收入增幅 1.1 个百分点；比 2009 年增加 4 067 亿元，年平均增长 20.6%。

统筹基金支出[1]4 160 亿元，比上年增加 491 亿元，增长 13.4%，低于收入增幅 1.2 个百分点；比 2009 年增加 2 599 亿元，年平均增长 21.7%。

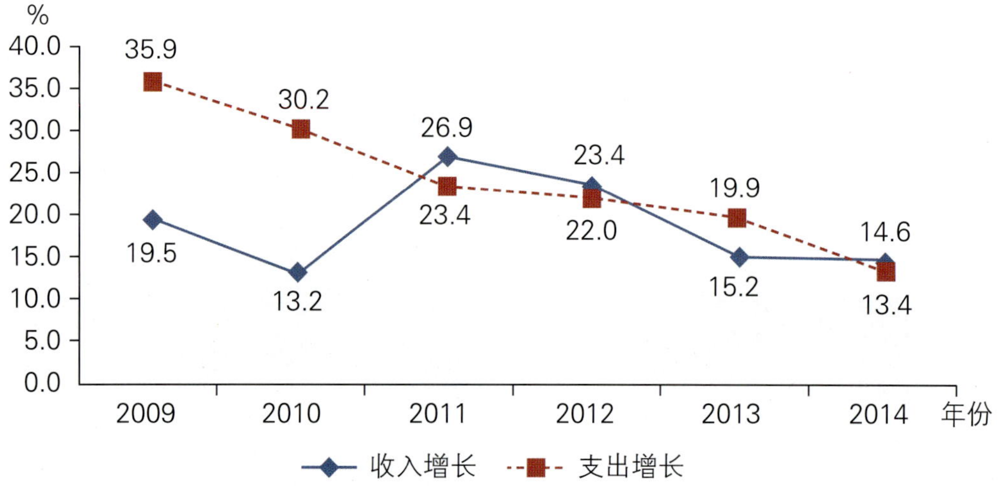

图 2—5 2009—2014 年职工基本医疗保险统筹基金收支增长比较情况

个人账户支出 2 537 亿元，比上年增加 376 亿元，增长 17.4%，高于收入增幅 4.8 个百分点；比 2009 年增加 1 468 亿元，年平均增长 18.9%。

[1] 统筹基金支出：含参加职工基本医疗保险的人员在住院、门诊大病等医疗费用中的统筹基金支出。

3. 基金结存情况

2014 年，职工基本医疗保险统筹基金累计结存 5 537 亿元，比上年增加 731 亿元，增长 15.2%；比 2009 年增加 2 876 亿元，年平均增长 15.8%。结存基金存于各级财政专户。

表 2—2 2014 年分地区职工基本医疗保险基金收支和统筹基金累计结存情况

单位：亿元

地区	基金收入	基金支出	统筹基金累计结存	地区	基金收入	基金支出	统筹基金累计结存
北京	683	648	226	湖北	220	217	79
天津	205	185	2	湖南	199	168	84
河北	271	213	230	广东	774	581	981
山西	167	146	90	广西	129	113	82
内蒙古	147	128	87	海南	44	35	48
辽宁	351	330	208	重庆	172	156	69
吉林	118	96	117	四川	383	309	340
黑龙江	210	193	153	贵州	88	87	23
上海	649	452	271	云南	161	140	85
江苏	697	585	487	西藏	17	13	21
浙江	604	445	620	陕西	154	126	107
安徽	174	148	123	甘肃	83	76	45
福建	215	158	161	青海	42	36	19
江西	112	94	78	宁夏	39	32	29
山东	502	430	412	新疆	159	125	94
河南	236	204	150	新疆兵团	34	29	15

（三）医疗服务情况

1. 享受待遇人次情况

2014 年，职工基本医疗保险享受待遇人次为 15.2 亿人次，比上年增加 1.8 亿人次，增长 13.4%；比 2009 年增加 6.8 亿人次，年平均增长 12.6%。

其中，享受普通门急诊待遇 13.3 亿人次，比上年增加 1.5 亿人次，增长 12.7%；比 2009 年增加 5.7 亿人次，年平均增长 12.0%。

享受门诊大病[1]待遇 1.4 亿人次，比上年增加 0.19 亿人次，增长 15.7%；比 2009 年增加 0.8 亿人次，年平均增长 17.5%。

享受住院待遇 4 279 万人次，比上年增加 380 万人次，增长 9.7%；比 2009 年增加 1 969 万人次，年平均增长 13.1%。

2014 年，人均门诊就诊 5.2 次，比上年增加 0.3 次；比 2009 年增加 1.2 次。住院率为 15.4%，比上年增加 0.8 个百分点，比 2009 年增加 4.3 个百分点。

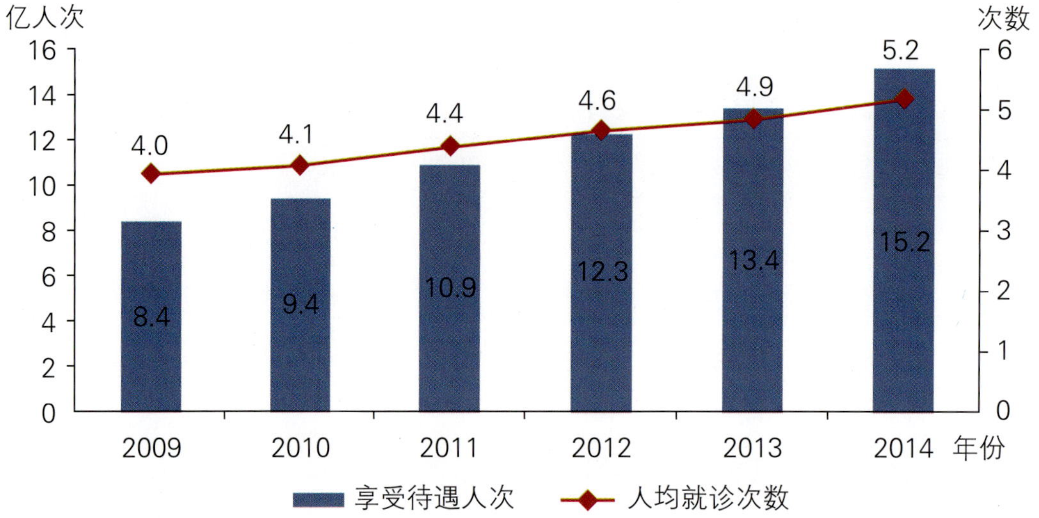

图 2—6　2009—2014 年职工基本医疗保险享受待遇人次和人均就诊次数情况

[1] 门诊大病：指按当地政策规定列入职工基本医疗保险统筹基金支付范围的病种，包括恶性肿瘤放化疗等特殊病种、糖尿病等慢性病种的门诊治疗，医疗费用较高。

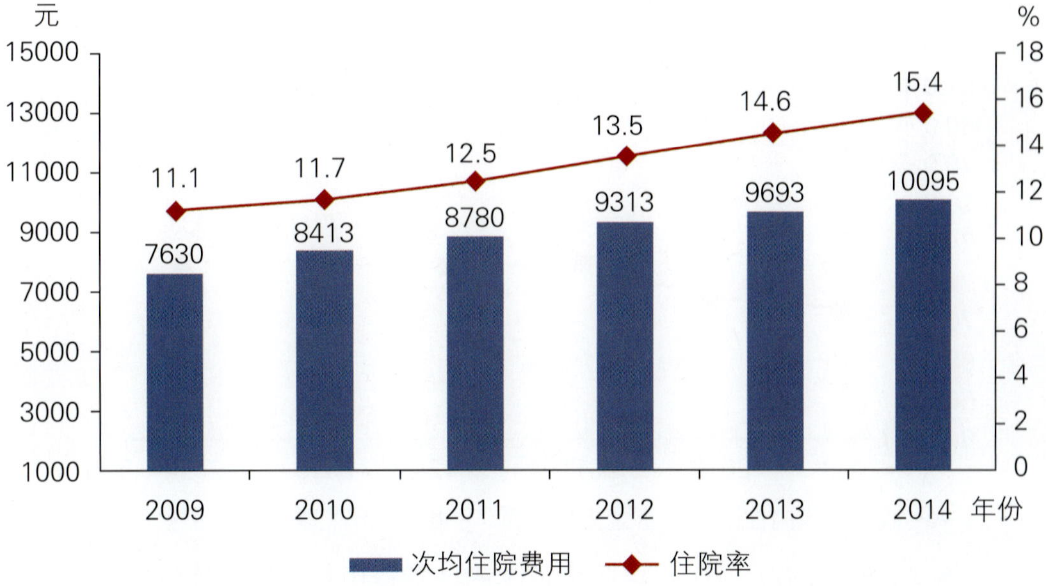

图 2—7　2009—2014 年职工基本医疗保险次均住院费用和住院率情况

三级、二级和一级及以下医疗机构的住院人次分别为 2 154 万人次、1 498 万人次和 627 万人次，分别比上年增长 13.5%、6.2% 和 6.3%；分别比 2009 年增加 1 150 万人次、569 万人次和 289 万人次，年平均增长 16.5%、10.0% 和 13.2%。

2014 年，职工医保参保人员次均住院床日为 12.7 天，比上年减少 0.3 天，比 2009 年减少 2.7 天。

2. 医保基金支付比例情况

2014 年，职工基本医疗保险政策范围内住院费用基金支付比例[1]为 82.1%，比上年提高 0.2 个百分点。

[1] 政策范围内住院费用基金支付比例：指参加职工基本医疗保险的人员在定点医疗机构住院发生职工基本医疗保险支付范围内的医疗费用中由职工基本医疗保险基金、职工大额医疗互助基金等支付的比例。

实际住院费用基金支付比例：指参加职工基本医疗保险的人员在定点医疗机构住院发生的医疗费用中由职工基本医疗保险基金、职工大额医疗互助基金等支付的比例。

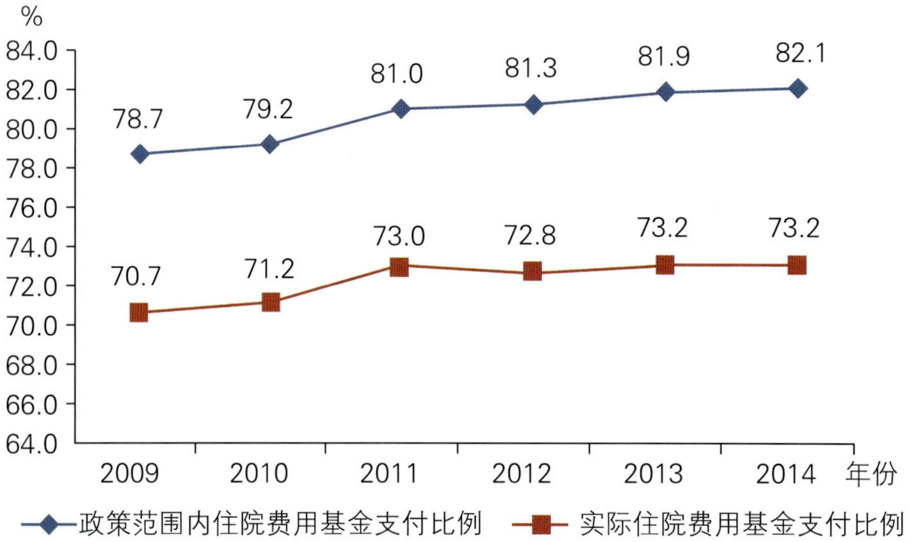

图 2—8　2009—2014 年政策范围内住院费用基金支付比例情况

3. 医疗费用增长情况

2014 年，职工基本医疗保险参保人员医疗费用为 7 083 亿元，比上年增长 15.2%；比 2009 年增加 4 218 亿元，年平均增长 19.9%。

普通门（急）诊次均费用为 157 元，比上年增加 6 元；比 2009 年增加 44 元，年平均增长 6.8%。

门诊大病次均费用为 466 元，比上年增加 3 元；比 2009 年增加 68 元，年平均增长 3.2%。

住院次均费用为 10 095 元，比上年增加 402 元；比 2009 年增加 2 465 元，年平均增长 5.8%。

住院医疗费用中，药品费、检查治疗费、服务设施费和其他费用分别为 1 902 亿元、1 832 亿元、427 亿元和 159 亿元，占住院费用比例分别为 44.0%、42.4%、9.9% 和 3.7%。与 2009 年相比，药品费和其他费用分别下降了 4.0 个百分点和 2.9 个百分点，检查治疗费和服务设施费分别上涨了 6.0 个百分点和 1.0 个百分点。

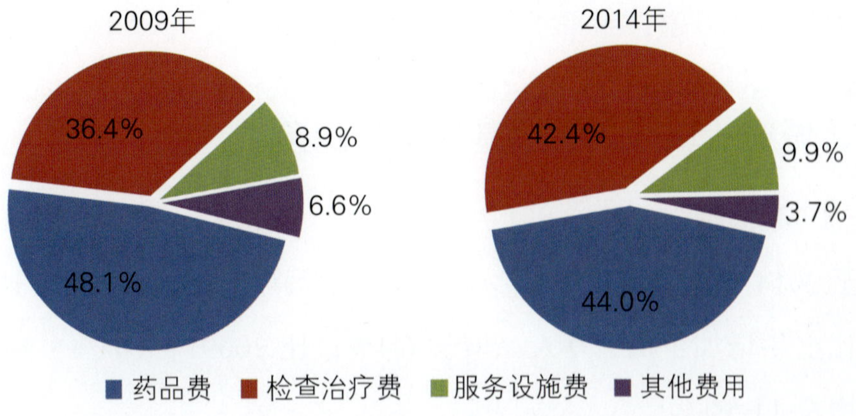

图 2—9　2009 年和 2014 年住院费用支出构成情况

4. 异地就医情况

2014 年，职工基本医疗保险异地就医人数 511 万人，比上年增加 80 万人，增长 18.6%。异地安置退休人员 105 万人，比上年增加 1.6 万人，增长 1.5%。

2014 年，异地就医总人次 1 897 万人次，比上年增长 25%。其中，住院人次 363 万人次，比上年增长 7.1%。

2014 年，异地就医费用 643.7 亿元，其中住院费用 583 亿元，增长 16.6%。异地就医次均住院费用 16 056 元，比上年增长 8.8%。

5. 定点医疗机构情况

定点医疗机构 [1]12.1 万家，比上年增加 8 606 家；比 2009 年增加 3.7 万家，年平均增长 7.7%。其中，非公立医疗机构 36 617 家，比上年增长 62.4%；社区医疗机构 23 864 家，比上年增长 6.2%。基层定点医疗机构 98 843 家，占定点医疗机构总数的 81.9%。

定点零售药店 19.4 万家，比上年增加 2.6 万家，增长 15.5%；比

[1] 定点医疗机构含军队医疗机构等，未剔除跨统筹地区重复定点。基层医疗机构包括一级及以下医疗机构。社区定点医疗机构含部分二级及以下医疗机构。挂靠在乡镇卫生院的村卫生室不再单独统计。

2009 年增加 9.8 万家，年平均增长 15.1%。

二、城镇（城乡）居民基本医疗保险

（一）参保情况

截至 2014 年底，城镇（城乡）居民基本医疗保险参保人数[1]达 31 451 万人，比上年增加 1 822 万人，增长 6.1%；比 2009 年增加 13 241 万人，年平均增长 11.5%。

表 2—3 2014 年分地区城镇（城乡）居民基本医疗保险参保人员情况

单位：万人

地区	参保人数	成年人	中小学生和儿童	大学生	地区	参保人数	成年人	中小学生和儿童	大学生
北京	173	23	138	11	湖北	1 035	427	456	152
天津	514	304	154	56	湖南	1 493	788	594	110
河北	753	308	361	84	广东	6 157	4 473	1 515	170
山西	444	200	189	55	广西	585	190	340	55
内蒙古	527	225	261	41	海南	195	109	72	14
辽宁	738	287	347	104	重庆	2 681	2 079	567	35
吉林	804	430	319	55	四川	1 247	560	549	137
黑龙江	712	425	232	56	贵州	332	191	102	40
上海	258	37	161	59	云南	673	441	198	34
江苏	1 436	797	471	168	西藏	26	13	9	3
浙江	2 948	2 144	712	92	陕西	672	324	234	114

[1] 城镇（城乡）居民基本医疗保险参保人数：含人社部门负责管理的参加城乡统筹居民基本医疗保险的参保人员。

续表

地区	参保人数	成年人	中小学生和儿童	大学生	地区	参保人数	成年人	中小学生和儿童	大学生
安徽	1 017	427	482	108	甘肃	328	196	94	38
福建	556	294	199	63	青海	97	58	32	7
江西	915	472	350	94	宁夏	462	317	136	9
山东	2 128	1 001	965	161	新疆	285	114	152	19
河南	1 158	473	553	132	新疆兵团	102	55	44	3

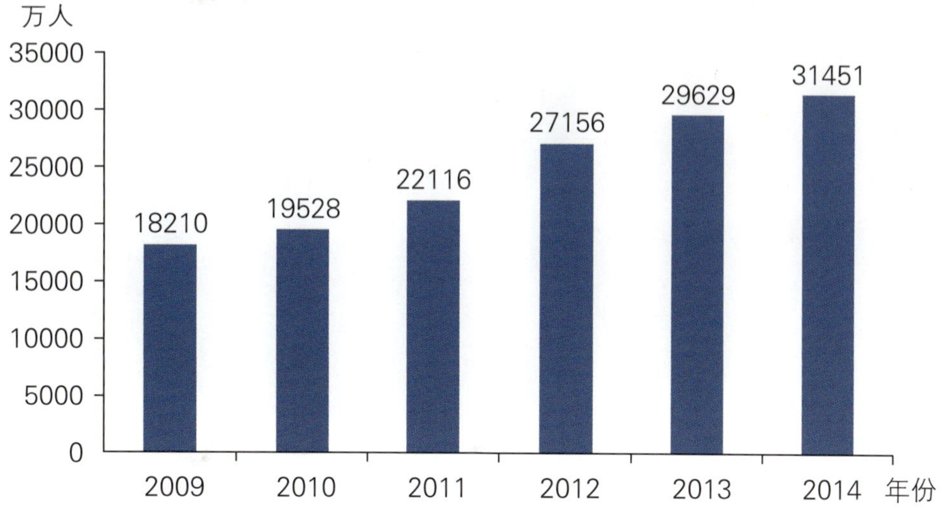

图 2—10　2009—2014 年城镇（城乡）居民基本医疗保险参保人数情况

参保人员构成情况如下：

成年人[1]：截至 2014 年底，参加城镇（城乡）居民基本医疗保险的成年人达到 18 181 万人，占参保人数的 57.8%，比上年增加 1 695 万人，增长 10.3%；比 2009 年增加 9 851 万人，年平均增长 16.9%。

[1] 成年人：主要是除学生及学龄前儿童以外的，未参加职工基本医疗保险的老年人、非从业或低收入城镇居民。

中小学生儿童：截至 2014 年底，参加城镇（城乡）居民基本医疗保险的中小学生儿童达到 10 990 万人，占参保人数的 34.9%，比上年增加 10 万人，增长 0.1%；比 2009 年增加 2 572 万人，年平均增长 5.5%。

大学生：截至 2014 年底，参加城镇（城乡）居民基本医疗保险的大学生达到 2 280 万人，占参保人数的 7.2%，比上年增加 117 万人，增长 5.4%；比 2009 年增加 818 万人，年平均增长 9.3%。

享受优惠政策的困难人员[1]达到 3 069 万人，占参保居民总数的 9.8%，比上年增加 19 万人，增长 0.6%；比 2009 年增加 436 万人，年平均增长 3.1%。

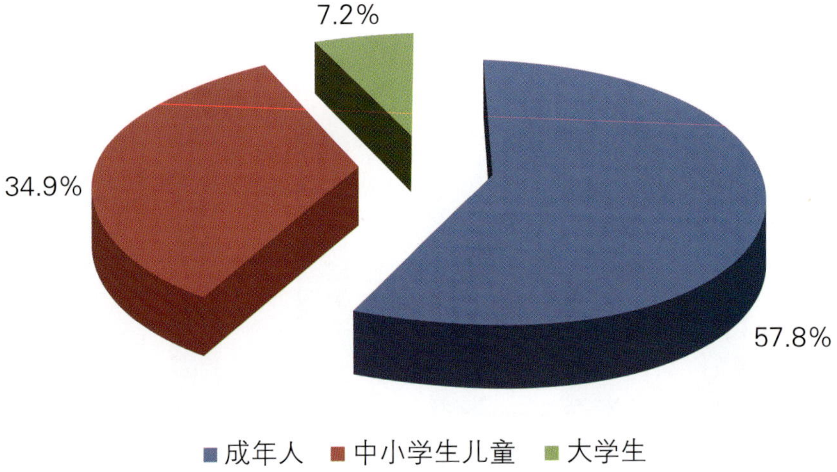

图 2—11 2014 年城镇（城乡）居民基本医疗保险参保人员构成情况

（二）基金收支情况

1. 基金收入情况

2014 年，城镇（城乡）居民基本医疗保险基金收入 1 649 亿元，比上年

[1] 享受优惠政策的困难人员：指政府对重度残疾人、低保对象、低收入家庭 60 周岁以上的老年人等困难参保居民的缴费给予额外补助。

增加 462 亿元，增长 39.0%；比 2009 年增加 1 397 亿元，年平均增长 45.6%。

其中，个人缴费 342 亿元（占基金收入的 20.7%），比上年增加 99 亿元，增长 40.7%；比 2009 年增加 257 亿元，年平均增长 32.2%。财政补助（含财政补贴）1 264 亿元（占基金收入的 76.7%），比上年增加 354 亿元，增长 38.9%；比 2009 年增加 1 109 亿元，年平均增长 52.2%。

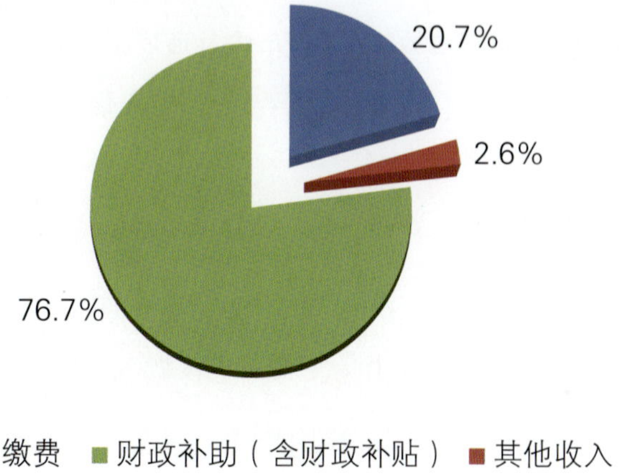

图 2—12　2014 年城镇（城乡）居民基本医疗保险基金收入构成情况

各级财政对参保者按照参保人数给予缴费补助。2014 年，中央财政补助 387 亿元，占全部财政补助的 30.6%，比上年增加 72 亿元，增长 22.9%；比 2009 年增加 343 亿元，年平均增长 54.3%。省级财政补助 408 亿元，占全部财政补助的 32.2%，比上年增加 116 亿元，增长 39.7%；比 2009 年增加 365 亿元，年平均增长 56.5%。市级及市以下财政补助 446 亿元，占全部财政补助的 35.3%，比上年增加 160 亿元，增长 55.9%；比 2009 年增加 381 亿元，年平均增长 47.1%。各级财政补贴[1]23.7 亿元，占全部财政补助的 1.9%，比上年增加 8.3 亿元，增长 53.9%；比 2009 年增加 21 亿元，年平均增长 53.3%。

[1] 财政补贴：指财政部门给予城乡居民基本医疗保险基金的补贴，包括启动资金及补贴基金缺口等。

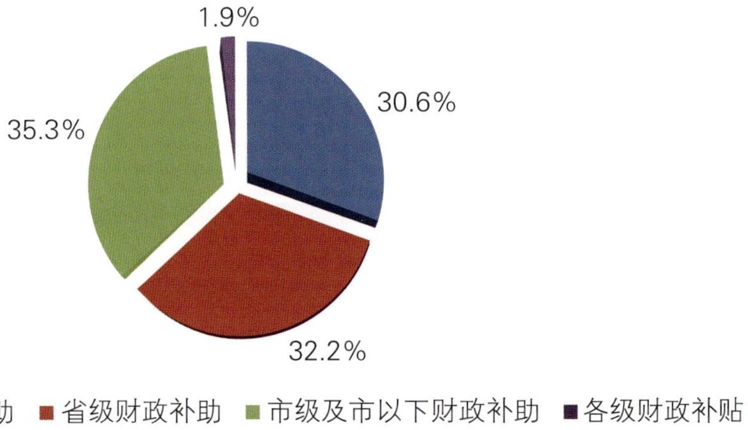

图 2—13　2014 年城镇（城乡）居民基本医疗保险各级财政补助占比情况

2. 基金支出情况

2014 年，城镇（城乡）居民基本医疗保险基金支出 1 437 亿元，比上年增加 466 亿元，增长 48.0%，支出增幅高于收入增幅 9.0 个百分点；比 2009 年增加 1 270 亿元，年平均增长 53.7%。

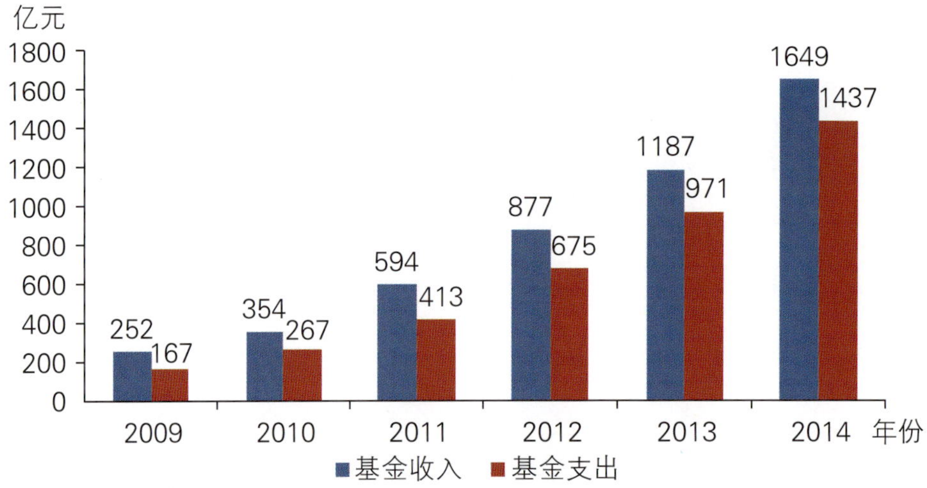

图 2—14　2009—2014 年城镇（城乡）居民基本医疗保险基金收支情况

3. 基金结存情况

2014 年，城镇（城乡）居民基本医疗保险当期结存 212 亿元，比上年减少 4 亿元，降低 1.5%；比 2009 年增加 128 亿元，年平均增长 20.3%。

表 2—4 2014 年分地区城镇（城乡）居民基本医疗保险基金收支情况

单位：亿元

地区	收入	支出	累计结存	地区	收入	支出	累计结存
北京	20.3	14.1	15.1	湖北	40.6	30.6	60.6
天津	32.9	23.4	18.6	湖南	58.9	51.5	49.2
河北	27.5	19.8	41.0	广东	280.3	234.8	221.8
山西	15.6	13.6	20.6	广西	18.9	12.2	35.1
内蒙古	20.4	16.4	20.6	海南	8.1	6.8	10.0
辽宁	26.4	18.8	31.1	重庆	106.1	92.9	59.9
吉林	23.2	19.1	38.2	四川	112.7	101.1	66.7
黑龙江	30.9	24.3	41.1	贵州	7.9	7.1	11.9
上海	24.7	24.3	6.7	云南	28.3	28.3	13.2
江苏	74.1	66.4	50.7	西藏	1.9	1.9	0.0
浙江	205.0	206.0	45.4	陕西	27.4	24.8	27.5
安徽	37.2	30.8	44.9	甘肃	12.1	9.6	12.4
福建	19.7	16.3	13.4	青海	4.9	5.1	0.8
江西	32.5	22.1	53.9	宁夏	23.0	22.3	14.5
山东	268.8	246.8	99.4	新疆	13.3	10.5	10.3
河南	41.9	31.8	54.7	新疆兵团	4.0	3.6	5.8

4. 人均财政补助和人均筹资

2014 年，人均政府补助标准为 320 元，比上年增加 40 元，增长 14.3%；比 2009 年增加 240 元，年平均增长 32.0%。城镇（城乡）居民基本医疗保险人均实际筹资 409 元，比上年增加 49 元，增长 13.6%；比 2009 年增加 279 元，年平均增长 25.8%。其中，人均财政实补 324 元，比上年增加 43 元，增长 15.2%；比 2009 年增加 245 元，年平均增长

32.6%。人均财政补助占人均筹资的 79.3%，比上年提高 1.1 个百分点。人均筹资中个人缴费为 85 元，比上年增加 7 元，占人均筹资的 20.7%；比 2009 年增加 34 元，年平均增长 10.8%。

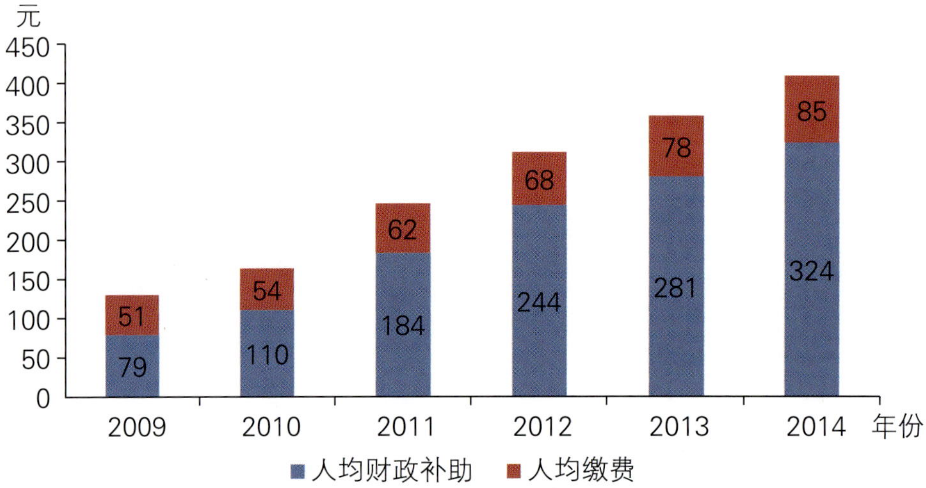

图 2—15　2009—2014 年城镇（城乡）居民基本医疗保险人均筹资水平情况

分人群看，成年人人均筹资水平高于学生、儿童。享受优惠政策的困难居民人均个人缴费占人均筹资的 12.0%，人均财政补助占人均筹资的 88.0%，与上年持平。

（三）医疗服务情况

1. 享受待遇人次情况

2014 年，城镇（城乡）居民基本医疗保险享受待遇 41 640 万人次，比上年增加 8 687 万人次，增长 26.4%；比 2009 年增加 34 257 万人次，年平均增长 41.3%。其中，享受住院待遇 2 801 万人次，比上年增加 416 万人次，增长 17.4%；比 2009 年增加 2 124 万人次，年平均增长 32.8%。

城镇（城乡）居民基本医疗保险人均门诊就诊 1.2 次，比上年增加 0.2 次。

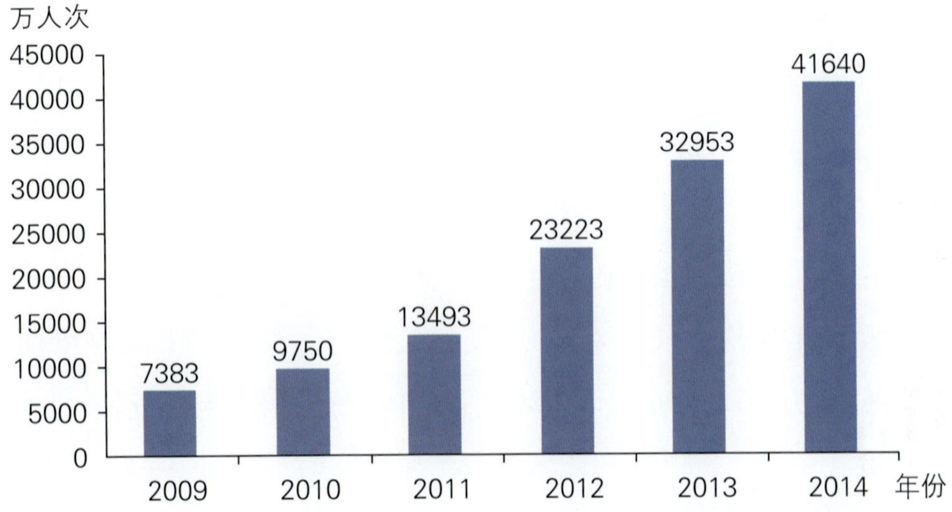

图 2—16　2009—2014 年城镇（城乡）居民基本医疗保险享受待遇总人次情况

2. 支付比例情况

2014 年，二级及以下医疗机构政策范围内住院费用基金支付比例[1]为 70.9%，比上年降低 0.4 个百分点，比 2009 年提高 11.9 个百分点。

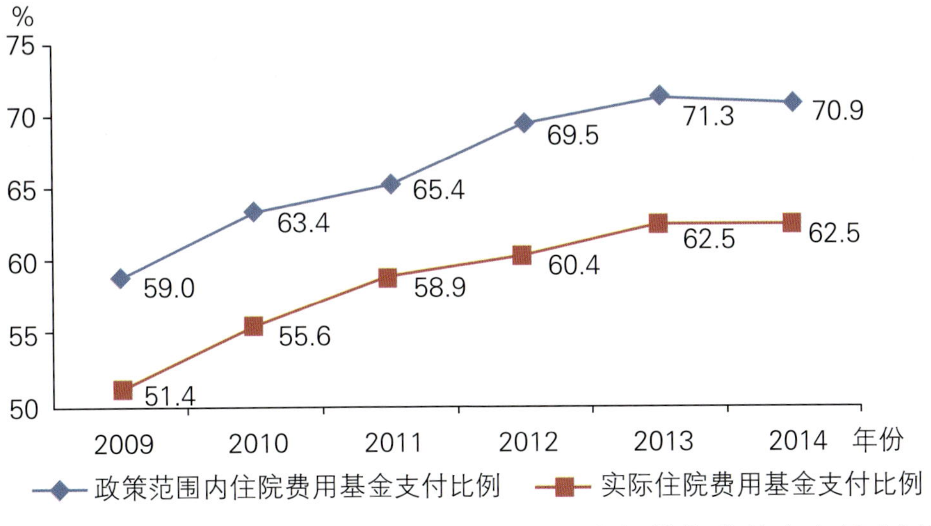

图 2—17　2009—2014 年居民在二级及以下医疗机构住院基金支付比例情况

[1] 政策范围内住院费用基金支付比例：指参加城镇居民基本医疗保险的人员，在定点医疗机构住院发生城镇（城乡）居民基本医疗保险支付范围内的医疗费用中由居民基本医疗保险基金（含居民大病保险）、医疗救助基金等支付的比例。

实际住院费用基金支付比例：指居民医保参保人员全部住院费用中由居民基本医疗保险基金、医疗救助基金等支付的比例。

3. 医疗费用情况

2014 年，城镇（城乡）居民基本医疗保险参保人员医疗费用 2 243 亿元，比上年增加 479 亿元，增长 27.2%；比 2009 年增加 1 849 亿元，年平均增长 41.6%。

次均住院费 6 653 元，比上年增加 507 元，增长 8.2%；比 2009 年增加 1 834 元，年平均增长 6.7%。三级、二级、一级及以下医疗机构次均住院费用分别为 10 314 元、5 794 元、3 194 元，比上年分别增长 7.0%、6.8%、5.4%。

城镇（城乡）居民基本医疗保险参保人员住院率为 8.9%，比上年提高 0.9 个百分点，比 2009 年提高 5.2 个百分点。次均住院天数 9.8 天，比上年减少 0.2 天，比 2009 年减少 0.8 天。

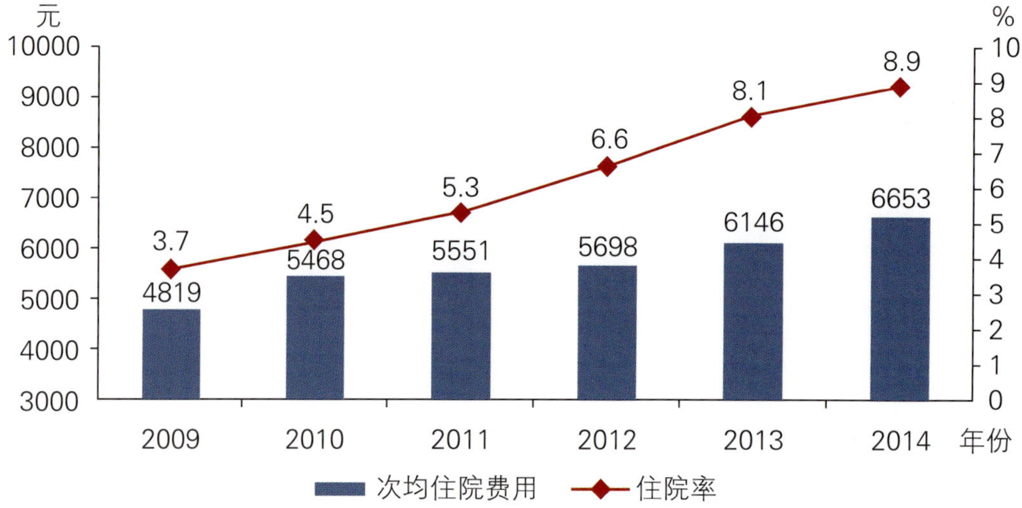

图 2—18 2009—2014 年城镇（城乡）居民基本医疗保险次均住院费用和住院率情况

4. 异地就医情况

2014 年，城镇（城乡）居民基本医疗保险异地就医人数 461 万人，比上年增加 143 万人，增长 45.0%。异地就医人次 858 万人次，比上年增加 261 万人次，增长 43.7%。其中，住院人次 320 万人次，比上年增加 60 万人次，增长 23.1%。

2014 年，城镇（城乡）居民基本医疗保险异地就医费用 418 亿元，比上年增加 100 亿元。其中，住院费用 402 亿元，比上年增加 94 亿元，增长 30.3%。次均住院费用 12 553 元，比上年增加 674 元，增长 5.7%。

第三部分　工伤保险

1993 年，党的十四届三中全会通过的《中共中央关于建立社会主义市场经济体制若干问题的决定》中明确提出要在我国“普遍建立企业工伤保险制度”。1994 年正式实施的《中华人民共和国劳动法》中明确了用人单位和劳动者必须依法参加社会保险，在因工伤残或者患职业病等情况下享受社会保险待遇。1996 年，劳动部颁布了《企业职工工伤保险试行办法》（劳部发〔1996〕266 号），确定了工伤保险制度框架。2003 年，国务院颁布了《工伤保险条例》，将覆盖范围扩展到了各类企业和有雇工的个体工商户。2010 年《中华人民共和国社会保险法》颁布，同年国务院修订《工伤保险条例》，覆盖范围扩展到了事业单位、社会团体、民办非企业单位、基金会、律师事务所、会计师事务所等组织的职工。2014 年，人力资源社会保障部、住房城乡建设部、安全监管总局、全国总工会联合发布《关于进一步做好建筑业工伤保险工作的意见》（人社部发〔2014〕103 号），要求对不能按用人单位参保的建筑业职工，按项目参加工伤保险。

各地积极贯彻社会保险法和《工伤保险条例》的规定，实施“平安计划”[1]，以推动农民工参保为重点，覆盖范围不断扩大，参保人数大幅增

---

[1] “平安计划”：为落实《国务院关于解决农民工问题的若干意见》（国发〔2006〕5 号）精神，推动农民工参加工伤保险，2006 年劳动保障部在全国组织开展为期五年的农民工扩面专项行动，即“平安计划”。一期从 2006 年起，用三年时间将矿山、建筑等高风险企业农民工基本覆盖在工伤保险制度之内；二期从 2009 年起，用两年时间将有相对稳定劳动关系的农民工基本覆盖在工伤保险制度之内。

加；基金规模持续扩大，待遇水平不断提高；工伤预防和工伤康复试点工作稳步推进；工伤管理服务水平稳步提升。

一、参保情况

截至 2014 年底，工伤保险参保人数为 20 639 万人，比上年增加 722 万人，增长 3.6%；比 2009 年增加 5 743 万人，年平均增长 6.7%。其中，农民工参保 7 369 万人，占总参保人数的 35.7%，比上年增加 106 万人，增长 1.5%。

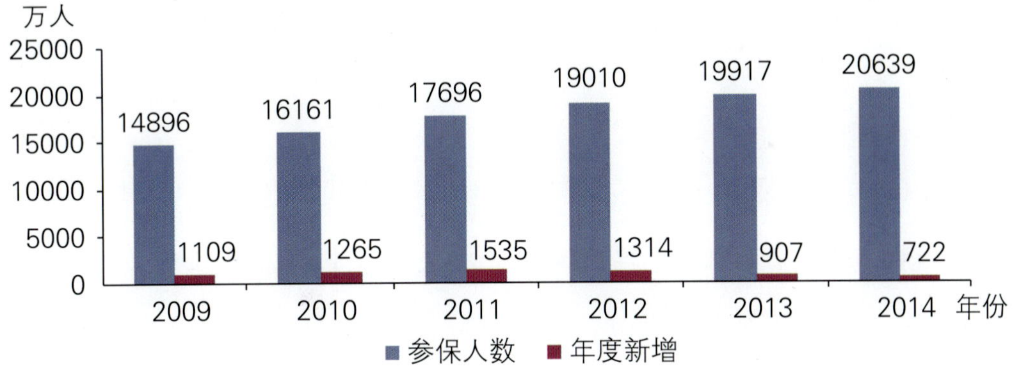

图 3—1　2009—2014 年工伤保险参保人数情况

表 3—1　2014 年分地区工伤保险参保人数情况

单位：万人

地区	参保人数	地区	参保人数
北京	961	湖北	577
天津	345	湖南	748
河北	779	广东	3 093
山西	563	广西	338
内蒙古	290	海南	126
辽宁	903	重庆	426

续表

地区	参保人数	地区	参保人数
吉林	416	四川	710
黑龙江	506	贵州	275
上海	920	云南	342
江苏	1 540	西藏	24
浙江	1 899	陕西	404
安徽	508	甘肃	175
福建	627	青海	55
江西	461	宁夏	82
山东	1 422	新疆	248
河南	806	新疆兵团	71

参保人员构成情况如下：

企业单位：参保 17 524 万人，占总参保人数的 84.9%，比上年增加 534 万人，增长 3.1%; 比 2009 年增加 4 047 万人，年平均增长 5.4%。其中，根据不同行业[1]的工伤风险程度分，一类风险企业 6 631 万人，占 37.8%；二类风险企业 9 013 万人，占 51.4%；三类风险企业 1 880 万人，占 10.8%。

事业单位：参保 2 655 万人，占总参保人数的 12.9%，比上年增加 146 万人，增长 5.8%；比 2009 年增加 1 429 万人，年平均增长 16.7%。

有雇工的个体工商户：参保 140 万人，占总参保人数的 0.7%，比上年增加 23 万人，增长 19.7%；比 2009 年增加 89 万人，年平均增长 22.4%。

其他单位[2]：参保 320 万人，占总参保人数的 1.6%，比上年增加 19 万人；比 2009 年增加 178 万人，年平均增长 17.6%。

---

[1] 参照《国民经济行业分类》(GB/T 4754—2002)，将行业划分为三个类别：一类为风险较小行业，如银行业、新闻出版业等；二类为中等风险行业，如房地产业、建筑安装业等；三类为风险较大行业，如石油和天然气开采业、煤炭开采和洗选业等。

[2] 其他单位：指参加工伤保险的公务员和参照公务员法管理的事业单位、社会团体等。

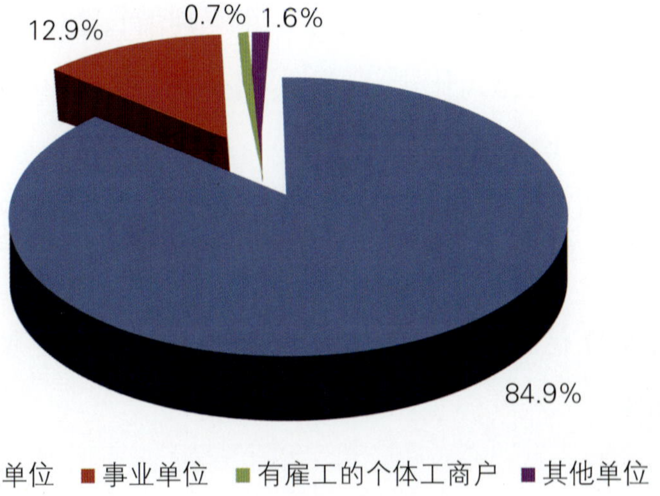

图 3—2　2014 年工伤保险参保人员按单位类型分布情况

二、基金收支情况

（一）基金收入情况

2014 年，全国工伤保险基金收入 695 亿元，比上年增加 80 亿元，增长 13.0%；比 2009 年增加 455 亿元，年平均增长 23.7%。

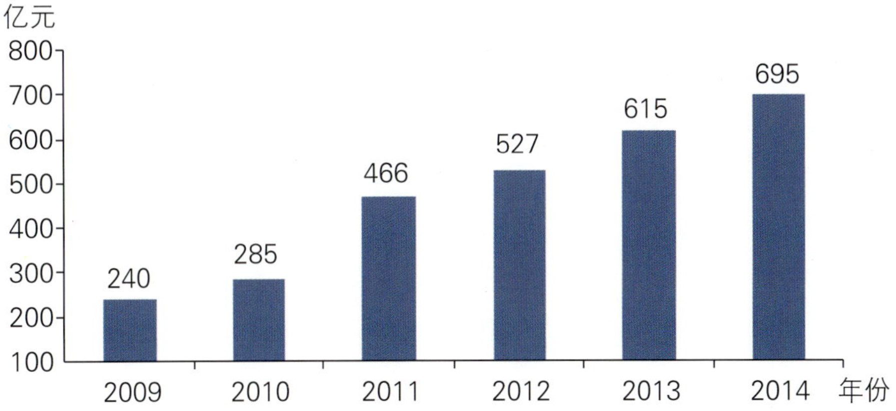

图 3—3　2009—2014 年工伤保险基金收入情况

工伤保险基金收入中，征缴收入 646 亿元，比上年增加 69 亿元，增长 12.0%；比 2009 年增加 418 亿元，年平均增长 23.2%。

利息收入 25 亿元，比上年增加 4 亿元，增长 19.1%；比 2009 年增加 17 亿元，年平均增长 25.6%。

财政补贴收入 17 亿元，比上年增加 3 亿元，增长 21.4%；比 2009 年增加 13 亿元，年平均增长 33.6%。

其他收入[1]7 亿元，比上年增加 4 亿元；比 2009 年增加 6 亿元，年平均增长 47.6%。

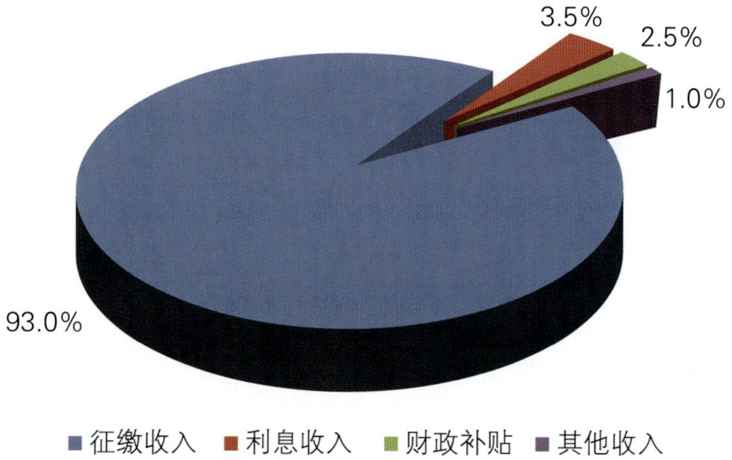

图 3—4 2014 年工伤保险基金收入构成情况

表 3—2 2009—2014 年工伤保险基金收入构成情况

年份	收入（亿元）	# 征缴收入（亿元）	占收入比例（%）	# 利息收入（亿元）	# 财政补贴（亿元）	# 其他收入（亿元）
2009	240	228	95.0	8	4	1
2010	285	273	95.8	8	2	3

[1] 其他收入：指除工伤保险费收入、利息收入和财政补贴收入外，反映滞纳金及其他经财政部门核准的收入等。

续表

年份	收入（亿元）	# 征缴收入（亿元）	占收入比例（%）	# 利息收入（亿元）	# 财政补贴（亿元）	# 其他收入（亿元）
2011	466	389	83.5	11	62	4
2012	527	494	93.7	16	13	4
2013	615	577	93.8	21	14	3
2014	695	646	93.0	25	17	7

全国工伤保险平均费率[1]为0.87%；企业单位、事业单位、有雇工的个体工商户和其他单位的平均费率分别为0.93%、0.56%、0.75%和0.61%；企业中一类、二类、三类风险行业的平均费率分别为0.60%、0.95%、2.0%。

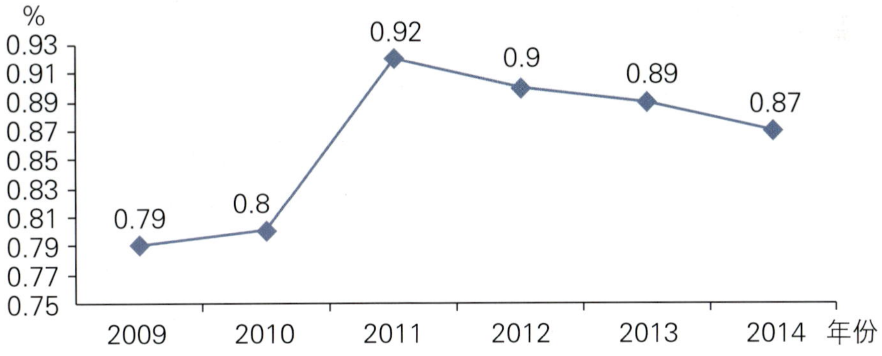

图 3—5 2009—2014 年工伤保险平均费率情况

（二）基金支出情况

2014年，全国工伤保险基金支出560亿元，比上年增加78亿元，增长16.3%，高于收入增幅3.3个百分点；比2009年增加404亿元，年平

[1] 平均费率：为计算数据，即报告期内参加工伤保险的单位应缴纳的工伤保险费除以缴费基数总额。

均增长 29.2%。

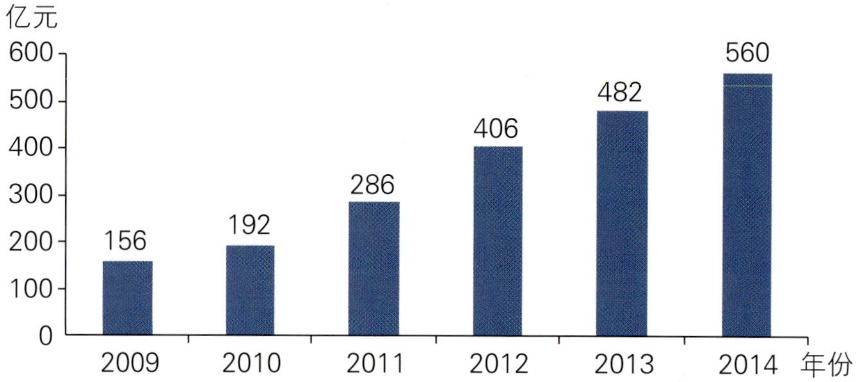

图 3—6 2009—2014 年工伤保险基金支出情况

工伤保险基金支出中，工伤保险待遇支出 549 亿元，比上年增加 73 亿元，增长 15.3%；比 2009 年增加 399 亿元，年平均增长 29.6%。

劳动能力鉴定费支出 2 亿元，比上年减少 0.2 亿元；比 2009 年增加 1 亿元，年平均增长 14.9%。

工伤预防费支出 3 亿元，比上年增加 0.7 亿元，增长 30.4%。

其他支出 3 亿元，比上年增加 1.6 亿元。

转移支出 3 亿元，比上年增加 2.5 亿元。

工伤保险待遇支出中，医疗待遇（含康复待遇）支出 235 亿元，占待遇总支出的 42.8%；伤残待遇支出 161 亿元，占待遇总支出的 29.3%；工亡待遇支出 152 亿元，占待遇总支出的 27.7%；其他待遇支出 1 亿元，占待遇总支出的 0.2%。

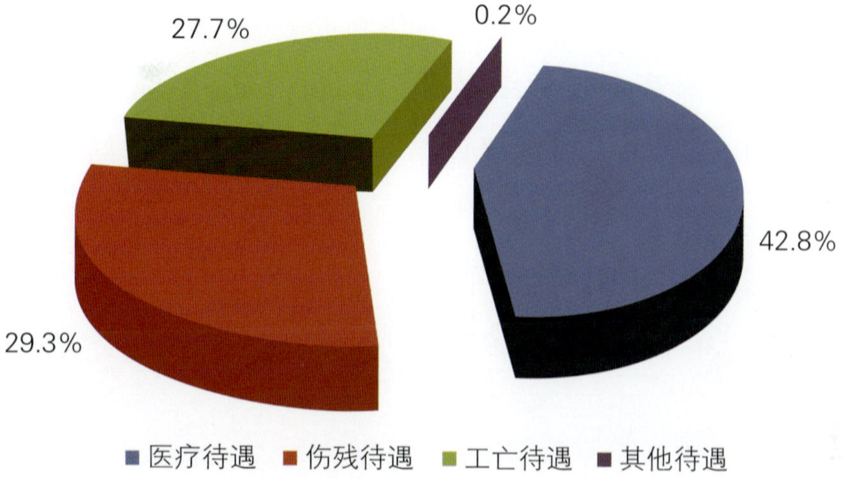

图 3—7 2014 年工伤保险待遇支出构成情况

表 3—3 2014 年分地区工伤保险基金收支存情况

单位：亿元

地区	基金收入	基金支出	累计结存	地区	基金收入	基金支出	累计结存
北京	28.7	22.2	5.2	湖北	15.1	12.2	25.9
天津	10.9	8.9	15.1	湖南	32.1	24.0	39.9
河北	33.4	33.0	14.0	广东	64.5	41.8	186.2
山西	31.4	25.6	44.7	广西	8.4	4.4	23.4
内蒙古	14.2	8.5	27.4	海南	2.6	1.2	8.2
辽宁	21.4	28.3	24.6	重庆	16.9	18.0	6.3
吉林	14.4	10.4	13.9	四川	29.1	22.3	43.0
黑龙江	21.7	20.4	26.0	贵州	14.1	12.0	14.8
上海	32.2	28.2	44.2	云南	13.4	12.4	19.0
江苏	73.3	61.4	53.9	西藏	0.9	0.3	2.2
浙江	48.3	40.4	56.7	陕西	13.8	9.9	25.6
安徽	20.0	15.0	28.1	甘肃	7.2	6.1	10.1
福建	22.1	14.5	38.9	青海	3.0	2.2	2.3
江西	16.4	10.4	24.1	宁夏	3.5	3.3	7.9
山东	45.1	35.0	51.4	新疆	10.0	8.5	11.6
河南	23.8	18.0	41.0	新疆兵团	2.9	2.0	2.8

（三）基金结存情况

2014 年，全国基金当期结存 135 亿元，比上年增加 2 亿元，增长 1.5%。截至 2014 年底，基金累计结存 938 亿元（不含储备金），比上年增加 109 亿元，增长 13.2%；比 2009 年增加 534 亿元，年平均增长 18.3%。储备金 190 亿元，比上年增加 22 亿元，增长 13.1%；比 2009 年增加 125 亿元，年平均增长 23.9%。

表 3—4　2009—2014 年工伤保险基金累计结余情况（不含储备金）

单位：亿元

年份	2009	2010	2011	2012	2013	2014
累计结余	404	479	642	737	829	938

表 3—5　2009—2014 年工伤保险储备金情况

单位：亿元

年份	2009	2010	2011	2012	2013	2014
储备金	65	82	101	125	168	190

三、工伤认定和劳动能力鉴定情况

（一）工伤认定情况

2014 年，全国认定工伤和视同工伤人数为 114.7 万人，比上年减少 3.7 万人，下降 3.1%；比 2009 年增加 19.4 万人，年平均增长 4.1%。

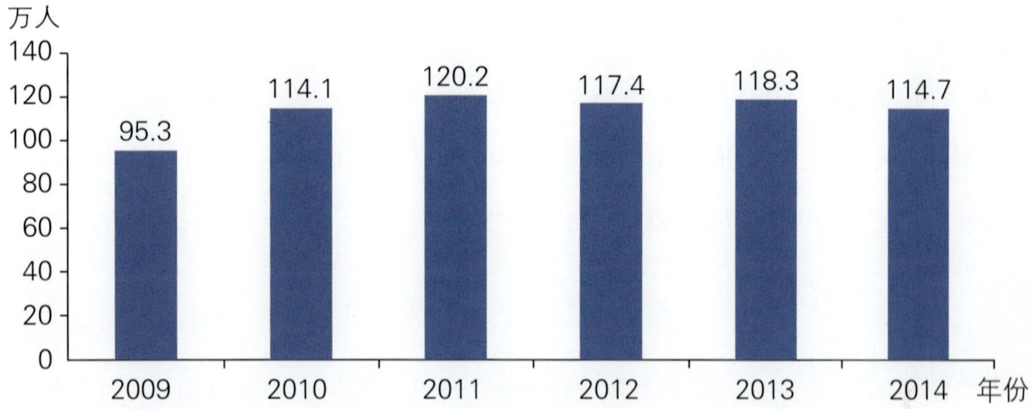

图 3—8　2009—2014 年认定和视同工伤人数情况

（二）劳动能力鉴定情况

2014 年，全国评定伤残等级[1] 人数为 55.8 万人，比上年增加 4.6 万人，增长 9.0%；比 2009 年增加 16.4 万人，年平均增长 8.3%。

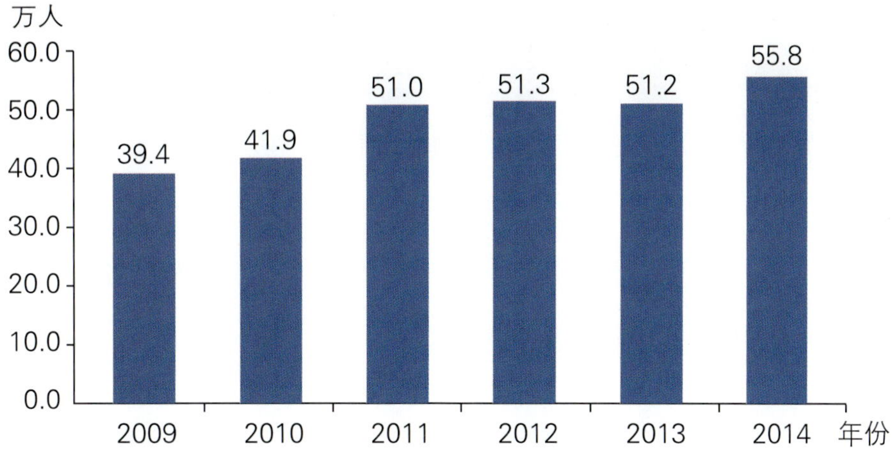

图 3—9　2009—2014 年评定伤残等级人数情况

[1] 伤残等级：经劳动能力鉴定后确定的劳动功能障碍程度，分为十个等级，最重的为一级，最轻的为十级。

四、享受待遇情况

（一）享受工伤保险待遇人员情况

2014 年，享受工伤保险待遇 198.2 万人，比上年增加 3.0 万人，增长 1.5%；比 2009 年增加 68.2 万人，年平均增长 8.8%。

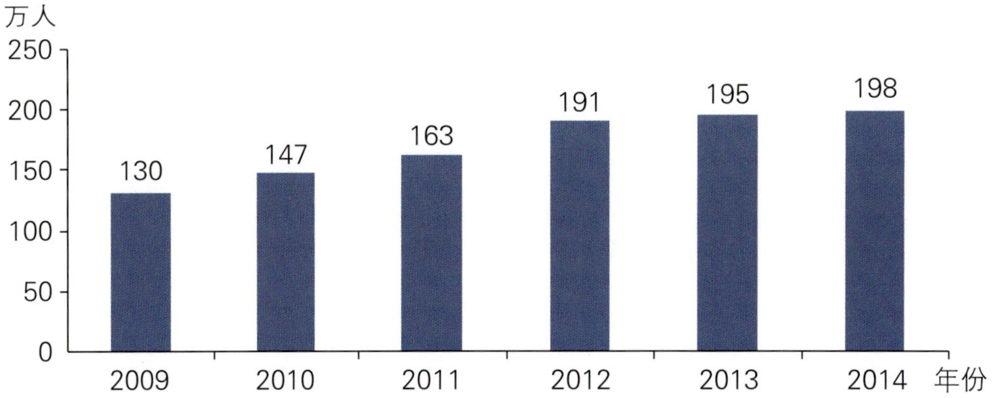

图 3—10　2009—2014 年享受工伤保险待遇人员情况

享受伤残待遇共计 167.7 万人，比上年增加 2.1 万人，增长 1.3%；比 2009 年增加 56.9 万人，年平均增长 8.6%。其中，无等级工伤职工 80.8 万人，占 48.2%；有伤残等级的职工 86.9 万人，占 51.8%。在有伤残等级工伤人数中，一至四级伤残 20.2 万人，占 23.3%；五至六级伤残 8.6 万人，占 9.9%；七至十级伤残 58.1 万人，占 66.8%。一至四级伤残职工中死亡 4 951 人，占 2.4%。

因工死亡（工伤认定为因工死亡并由工伤保险基金支付待遇）2.3 万人，与上年持平；比 2009 年增加 0.3 万人，年平均增长 3.3%。

供养亲属人数 28.1 万人，比上年增加 0.9 万人，增长 3.3%；比 2009 年增加 11 万人，年平均增长 10.4%。

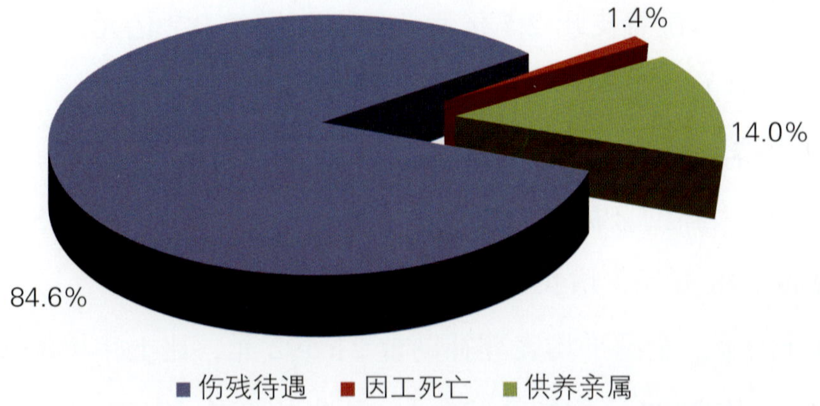

图 3—11　2014 年享受工伤保险待遇人员构成情况

（二）工伤保险待遇情况

1. 伤残待遇情况

一次性伤残补助金。全国共有 43.7 万人领取一次性伤残补助金，比上年增加 3.9 万人，增长 9.8%；比 2009 年增加 18.7 万人，年平均增长 11.8%。当年一次性伤残补助金支出 110.7 亿元，比上年增加 19.9 亿元，增长 21.9%；比 2009 年增加 79.3 亿元，年平均增长 28.7%。

伤残津贴。全国共有 162.1 万人次领取伤残津贴，比上年增加 16.8 万人次，增长 11.7%；比 2009 年增加 81.7 万人次，年平均增长 15.1%。伤残津贴支出 34.6 亿元，比上年增加 5.3 亿元，增长 18.1%；比 2009 年增加 23.3 亿元，年平均增长 25.1%。

生活护理费。全国共有 84.5 万人次领取生活护理费，比上年增加 4.4 万人次，增长 5.5%；比 2009 年增加 45.8 万人次，年平均增长 16.9%。生活护理费支出 11.0 亿元，比上年增加 1.5 亿元，增长 15.8%；比 2009 年增加 7.8 亿元，年平均增长 28.0%。

辅助器具配置费。全国一至十级伤残职工中配置辅助器具的有 3.1 万人次，比上年增加 0.8 万人次；比 2009 年增加 1.9 万人次，年平均增长

20.9%。辅助器具配置支出 2.5 亿元，比上年增加 0.7 亿元，增长 38.9%；比 2009 年增加 1.7 亿元，年平均增长 25.6%。

2. **工亡待遇情况**

一次性工亡补助金标准。全国一次性工亡补助金标准为 53.91 万元，比上年增加 4.78 万元，增长 9.7%。

丧葬补助金。全国平均丧葬补助金 21 592 元，比上年增加 2 273 元，增长 11.8%；比 2009 年增加 8 425 元，年平均增长 10.4%。

供养亲属抚恤金。全国月人均供养亲属抚恤金 1 058 元，比上年增加 29 元，增长 2.8%；比 2009 年增加 286 元，年平均增长 6.5%。

3. **工伤医疗待遇情况**

门（急）诊和住院待遇共计 605 万人次，比上年增加 93 万人次，增长 18.2%；比 2009 年增加 325 万人次，年平均增长 16.7%。门（急）诊和住院费用支出共计 164.0 亿元，比上年增加 24.4 亿元，增长 17.5%；比 2009 年增加 101.7 亿元，年平均增长 21.5%。

21.8 万人领取一次性医疗补助金，比上年增加 3.8 万人，增长 21.1%。

4. **工伤康复待遇情况**

享受工伤康复待遇共计 4.8 万人次，比上年增加 0.3 万人次，增长 6.7%；康复待遇支出 5.8 亿元。全国职业康复达到 4 125 人次，比上年有所减少。

第四部分　失业保险

1986 年 7 月，国务院颁布《国营企业职工待业保险暂行规定》（国发〔1986〕77 号），初步建立失业保险制度框架。1993 年，根据深化经济体制改革的需要，国务院颁布了《国有企业职工待业保险规定》，在覆盖范围、待遇标准和基金统筹层次等方面做了调整。1999 年 1 月，国务院颁布《失业保险条例》，现行失业保险制度基本确立。经过 20 多年的发展，我国失业保险制度逐步完善，保障能力不断增强，在促进经济体制改革深化、形成市场导向的就业机制、保障劳动者基本权益和维护社会稳定等方面发挥了重要作用。

一、参保情况

（一）基本情况

截至 2014 年底，全国参加失业保险人数为 17 043 万人，比上年末增加 626 万人，增长 3.8%；比 2009 年增加 4 327 万人，年平均增长 6.0%。其中，农民工参加失业保险人数为 4 071 万人，占参保总人数的 23.9%；比上年末增加 331 万人，比 2009 年增加 2 429 万人，年平均增长 19.9%。

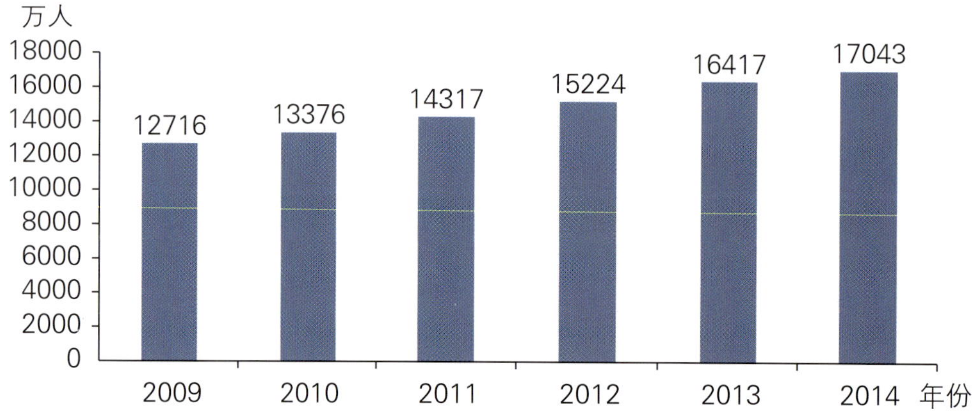

图 4—1　2009—2014 年失业保险参保人数情况

（二）参保人员构成情况

企业单位：截至 2014 年底，全国企业单位参保人数为 13 984 万人，占总参保人数的 82.0%，比上年增加 570 万人；比 2009 年增加 4 138 万人，年平均增长 7.3%。

事业单位：截至 2014 年底，全国事业单位参保人数为 2 483 万人，占总参保人数的 14.6%，比上年增加 20 万人；比 2009 年增加 31 万人，年平均增长 0.3%。

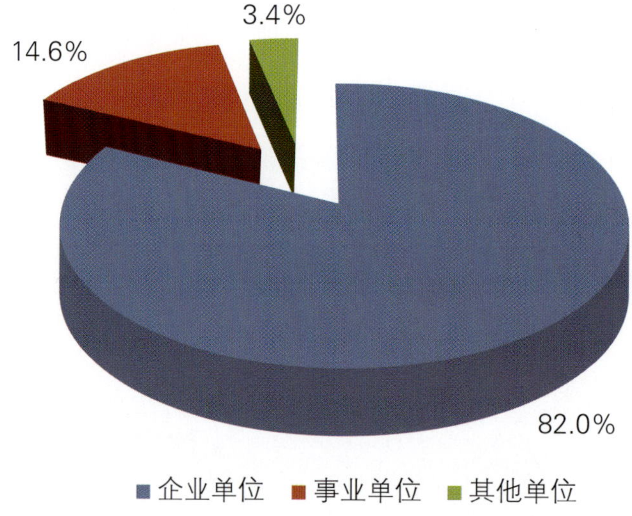

图 4—2　2014 年失业保险参保人员按单位类型构成情况

其他单位：截至 2014 年底，全国其他单位参保人数为 576 万人，占总参保人数的 3.4%，比上年增加 36 万人；比 2009 年增加 158 万人，年平均增长 6.7%。

（三）分地区情况

分地区看，广东、江苏、浙江、山东和北京 5 个地区的参保人数在 1 000 万人以上，其中广东省最多，达 2 840 万人；广东、浙江、山东、江苏、重庆和湖南 6 个地区的参保人数增加较多，在 45 万 ~ 140 万人之间。从单位类型看，企业单位的参保人数占总参保人数的 82%，事业单位占 14.6%，其他单位占 3.4%。

表 4—1　2014 年分地区失业保险参保人数情况

单位：万人

地区	参保人数	地区	参保人数
北京	1 057	湖北	519
天津	288	湖南	509
河北	509	广东	2 840
山西	408	广西	259
内蒙古	236	海南	158
辽宁	664	重庆	439
吉林	259	四川	636
黑龙江	478	贵州	192
上海	634	云南	237
江苏	1 443	西藏	13
浙江	1 210	陕西	344
安徽	422	甘肃	162
福建	524	青海	39
江西	272	宁夏	74
山东	1 154	新疆	225
河南	773	新疆兵团	65

二、基金收支情况

（一）总体情况

2014 年，全国失业保险基金收入 1 380 亿元，比上年增加 91 亿元，增长 7.1%；比 2009 年增加 799 亿元，年平均增长 18.9%。基金总支出 615 亿元，比上年增加 83 亿元，增长 15.6%；比 2009 年末增加 248 亿元，年平均增长 10.9%。累计结余 4 452 亿元，比上年增加 766 亿元，增长 20.8%；比 2009 年末增加 2 928 亿元，年平均增长 23.9%。

表 4—2　2014 年分地区失业保险基金收支情况

单位：亿元

地区	收入	支出	当期结余	累计结余	地区	收入	支出	当期结余	累计结余
北京	62.6	35.9	26.7	163.7	湖北	45.0	25.9	19.1	139.4
天津	39.4	32.9	6.4	104.8	湖南	31.0	10.9	20.1	98.9
河北	51.5	20.6	30.9	154.1	广东	135.6	27.7	107.9	515.7
山西	36.5	12.4	24.2	133.2	广西	31.1	8.2	22.9	110.4
内蒙古	27.5	6.4	21.0	92.1	海南	6.0	4.2	1.9	30.0
辽宁	52.9	17.7	35.2	227.4	重庆	28.2	4.8	23.4	94.8
吉林	26.8	11.4	15.4	86.4	四川	105.7	41.1	64.6	278.6
黑龙江	33.9	7.0	26.9	145.7	贵州	20.3	9.8	10.5	65.3
上海	89.8	83.6	6.2	157.0	云南	26.6	5.9	20.7	108.3
江苏	114.9	70.2	44.7	383.4	西藏	2.5	0.1	2.4	11.4
浙江	109.5	50.2	59.3	343.1	陕西	29.9	4.9	25.0	130.1
安徽	38.6	17.6	20.9	92.4	甘肃	16.6	1.9	14.7	61.5
福建	34.8	10.0	24.8	128.0	青海	5.9	0.5	5.5	25.1
江西	13.1	2.3	10.8	55.1	宁夏	8.4	3.8	4.6	27.3
山东	68.6	49.3	19.3	261.0	新疆	31.7	17.0	14.7	79.3
河南	48.6	16.4	32.8	133.9	新疆兵团	6.4	4.2	2.2	14.0

（二）基金收入构成情况

全国失业保险基金收入 1 380 亿元，比上年增加 91 亿元，增长 7.1%；比 2009 年增加 799 亿元，年平均增长 18.9%。收入构成情况如下：

失业保险费收入。失业保险费收入 1 285.1 亿元，比上年增加 82.7 亿元，增长 6.9%；比 2009 年增加 735.1 亿元，年平均增长 18.5%。

利息收入。利息收入 86.2 亿元，比上年增加 16.6 亿元，增长 23.9%；比 2009 年增加 59.7 亿元，年平均增长 26.6%。

财政补助收入。财政补助收入 0.2 亿元，比上年减少 0.1 亿元，减幅为 25.9%；比 2009 年末减少 0.7 亿元。

其他收入[1]。其他收入 4.8 亿元，比上年增加 1.9 亿元，增长 65.7%；比 2009 年增加 1.7 亿元，年平均增长 9.1%。

转移收入。转移收入 3.5 亿元，比上年减少 10.2 亿元，减幅为 74.2%；比 2009 年减少 0.5 亿元。

（三）基金支出情况

2014 年，全国基金支出 615 亿元，比上年增加 83.1 亿元，增长 15.6%；比 2009 年末增加 248 亿元，年平均增长 10.9%。基金支出情况[2]如下：

用于保障失业人员基本生活的失业保险待遇支出 291.3 亿元（含为领取失业保险金人员参加职工基本医疗保险所缴纳的保险费、丧葬抚恤补助、价格临时补贴等），占基金总支出的 47.4%，比上年增加 39.5 亿元，增长 15.7%；比 2010 年增加 137.3 亿元，年平均增长 17.3%。

---

[1] 其他收入：主要反映滞纳金及其他经财政部门核准的收入等。

[2] 基金支出情况：因 2010 年基金支出口径有所调整，故提供 2010 年后的比较情况。

用于“两项补贴”[1]和其他促进就业支出282.6亿元，占基金总支出的46.0%，比上年增加33.7亿元，增长13.5%；比2010年增加27.6亿元，年平均增长2.6%。

农民合同制工人一次性生活补助支出17.9亿元，占基金总支出的2.9%，比上年增加3亿元，增长20.1%；比2010年增加11.8亿元，年平均增长30.9%。

其他支出和转移支出22.9亿元，占基金总支出的3.7%。其中，其他支出19.2亿元，比上年增加17亿元，增长756.9%；比2010年增加11亿元，年平均增长23.7%。转移支出3.7亿元，比上年减少10.1亿元，减幅为73.2%；比2010年增加2.8亿元，年平均增长42.4%。

（四）失业保险基金统筹情况

截至2014年末，北京、天津、上海、海南、西藏、青海和宁夏7个地区已实现省级统筹；21个省份及新疆兵团的全部或部分地市已实行了市级统筹。

三、享受待遇情况

2014年，全国共有422万失业人员领取了不同期限的失业保险金，比上年增加5万人，增长1.3%；比2009年减少62万人。2014年末，全国领取失业保险金人数为207万人，比上年末增加10万人；比2009年减少28万人。2014年，全国领取失业保险金人员月人均领取水平为852元，比上年增加85元，增长11.1%；比2009年增加406元，年平均增长13.9%。

---

[1] “两项补贴”：指按照《失业保险条例》规定，从失业保险基金列支的对失业人员在领取失业保险金期间接受职业培训、职业介绍的补贴金额。

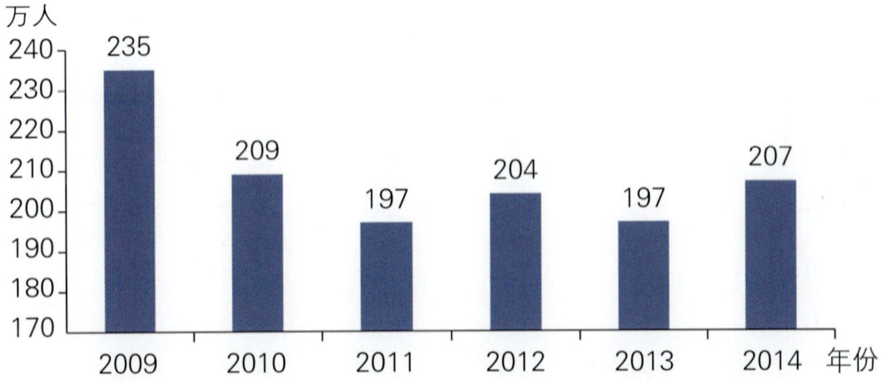

图 4—3　2009—2014 年末领取失业保险金人数情况

表 4—3　2014 年分地区领取失业保险金人数情况

单位：万人

地区	领取人数	地区	领取人数
北京	3.0	湖北	5.6
天津	2.6	湖南	6.9
河北	7.1	广东	10.9
山西	3.0	广西	6.1
内蒙古	2.4	海南	2.0
辽宁	8.5	重庆	2.8
吉林	2.2	四川	29.8
黑龙江	4.8	贵州	1.5
上海	9.8	云南	5.3
江苏	32.1	西藏	0.0
浙江	8.2	陕西	2.9
安徽	6.5	甘肃	1.0
福建	4.5	青海	0.4
江西	1.3	宁夏	1.3
山东	19.9	新疆	3.2
河南	10.2	新疆兵团	1.4

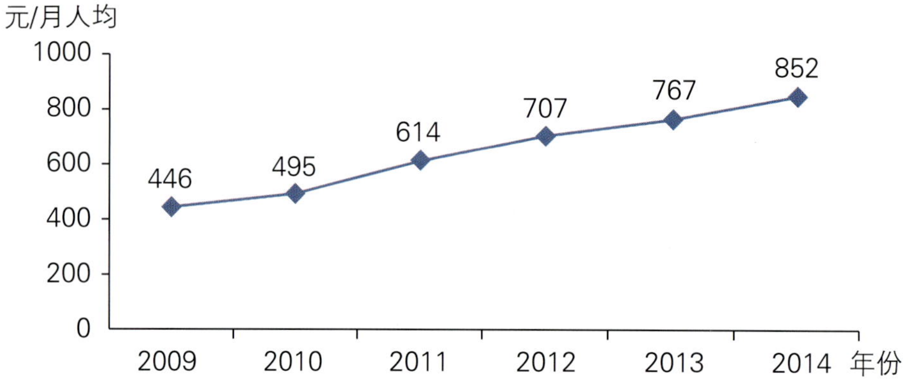

图 4—4　2009—2014 年失业保险金月人均领取水平情况

2014 年，在领取失业保险金人员中，参加职工基本医疗保险的占 86.5%。失业保险基金支付职工基本医疗保险费 55 亿元，月人均缴纳职工基本医疗保险费 241 元，比上年增加 27 元，增长 12.2%。

全年领取一次性生活补助的农民工人数为 78 万人，比上年增加 2 万人，增长 2.2%；比 2009 年减少 30 万人，减幅为 27.5%。农民工领取一次性生活补助的人均水平为 2 307 元，比上年增加 368 元，增长 18.9%。

第五部分　生育保险

为适应建立社会主义市场经济体制的需要，促进妇女公平就业，依据劳动法，劳动部于1994年颁布了《企业职工生育保险试行办法》（劳部发〔1994〕504号），确立了生育保险的制度模式。生育保险主要覆盖城镇各类企业，筹资模式主要为用人单位向社会保险机构缴纳生育保险费，职工个人不缴费。生育保险待遇包括生育津贴和生育期间的医疗费。2010年国家颁布社会保险法，将所有用人单位纳入覆盖范围。近年来，各地积极贯彻落实社会保险法，扩大生育保险覆盖范围，参保人数逐年增加，基金规模同步增长，受益面不断扩大，待遇水平不断提高。

一、参保情况

（一）基本情况

截至2014年底，全国生育保险参保人数达到17 039万人，比上年增加647万人，增长3.9%；比2009年增加6 163万人，年平均增长9.4%。

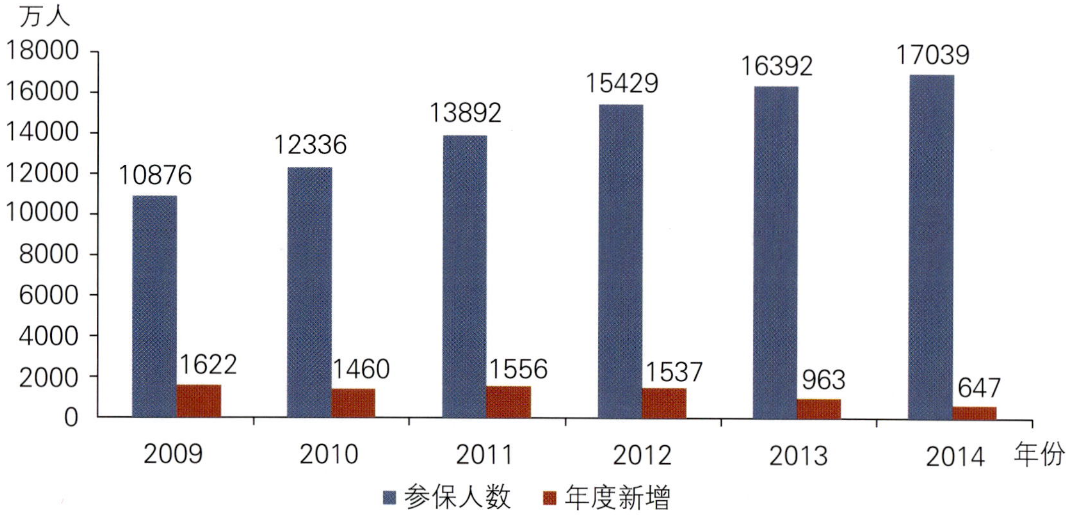

图 5—1　2009—2014 年生育保险参保人数增长情况

（二）分地区情况

东部地区参保人数仍位居前列，前三位分别是广东 2 801 万人、江苏 1 375 万人和浙江 1 249 万人。全国 31 个省份和新疆兵团参保人数均比上年有所增加。

表 5—1　2014 年分地区生育保险参保人数情况

单位：万人

地区	参保人数	地区	参保人数
北京	916	湖北	481
天津	261	湖南	538
河北	684	广东	2 801
山西	454	广西	280
内蒙古	294	海南	122
辽宁	784	重庆	348
吉林	367	四川	730

续表

地区	参保人数	地区	参保人数
黑龙江	356	贵州	249
上海	718	云南	279
江苏	1 375	西藏	23
浙江	1 249	陕西	251
安徽	483	甘肃	144
福建	557	青海	46
江西	241	宁夏	71
山东	1 046	新疆	236
河南	590	新疆兵团	67

（三）参保人员构成情况

1. 按单位类型

企业单位：截至2014年底，参加生育保险的企业单位人员达到13 533万人，占参保人数的79.4%，比上年增加453万人，增长3.5%；比2009年增加4 663万人，年平均增长8.8%。

机关事业单位：截至2014年底，参加生育保险的机关事业单位人员为2 873万人，占参保人数的16.9%，比上年增加227万人，增长8.5%；比2009年增加1 178万人，年平均增长11.1%。

灵活就业等其他人员：截至2014年底，参加生育保险的灵活就业等其他人员达到633万人，占参保人数的3.7%，比上年底减少33万人，减幅为5.0%；比2009年增加322万人，年平均增长15.3%。

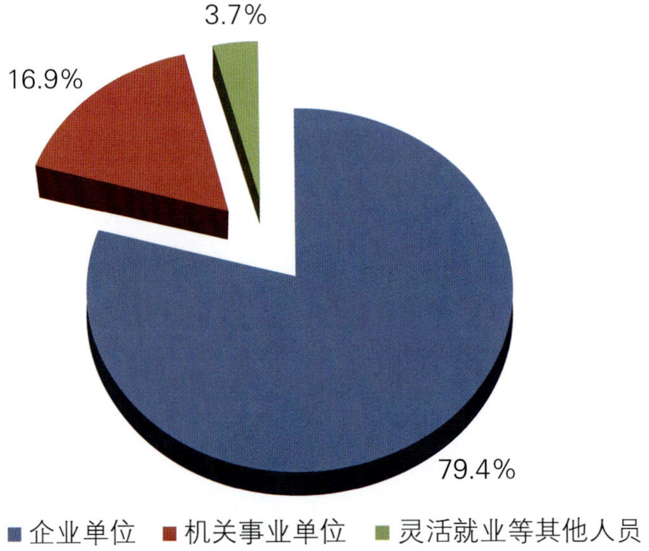

图 5—2　2014 年生育保险参保人数构成情况

表 5—2　2014 年全国生育保险参保人数构成及增长情况

年份	参保人数（万人）	企业（万人）	占比（%）	事业（万人）	占比（%）	机关（万人）	占比（%）	其他（万人）	占比（%）
2014	17 039	13 533	79.4	2 052	12.1	821	4.8	633	3.7
2013	16 392	13 080	79.8	1 926	11.7	721	4.4	665	4.1
新增	647	453	-0.4	126	0.3	100	0.4	-33	-0.4
增长	3.9	3.5	—	6.5	—	13.9	—	-5.0	—

2. 按性别分类

女性参保人数达到 7 407 万人，占 43.5%。五年来，女性参保人数所占比重总体变化不大，但人数增加 2 696 万人。

表 5—3　2009—2014 年全国生育保险女性所占比例情况

年份	2009	2010	2011	2012	2013	2014
参保人数（万人）	10 876	12 336	13 892	15 429	16 392	17 039
其中：女性（万人）	4 711	5 367	6 033	6 700	7 117	7 407
女性比例（%）	43.3	43.5	43.4	43.4	43.4	43.5

二、基金收支情况

（一）基金收入情况

2014 年，生育保险基金总收入 446 亿元，比上年增加 78 亿元，增长 21.1%；比 2009 年增加 314 亿元，年平均增长 27.6%。

2014 年，全国生育保险平均费率为 0.71%，与上年持平，比 2009 年提高 0.09 个百分点。

表 5—4　2009—2014 年全国生育保险费率情况

年份	2009	2010	2011	2012	2013	2014
费率（%）	0.62	0.62	0.67	0.69	0.71	0.71

（二）基金支出情况

2014 年，生育保险基金总支出 368 亿元，比上年增加 85 亿元，增长 30.2%，高于收入增幅 9.1 个百分点；比 2009 年增加 280 亿元，年平均增长 33.1%。

（三）分地区基金收支情况

2014 年，北京、上海、广东、江苏、山东、浙江基金收支规模高于 50 亿元。西藏、新疆兵团、青海、海南、宁夏低于 5 亿元。

表 5—5　2014 年分地区生育保险基金收支情况

单位：亿元

地区	收入	支出	地区	收入	支出
北京	42.4	44.5	湖北	9.7	6.4
天津	10.9	9.4	湖南	10.2	6.4
河北	13.2	10.1	广东	45.8	31.9
山西	8.6	5.1	广西	7.2	4.3
内蒙古	7.5	5.7	海南	2.4	1.5
辽宁	18.6	18.0	重庆	8.4	6.7
吉林	5.6	4.6	四川	16.3	13.4
黑龙江	6.7	5.6	贵州	4.1	3.1
上海	43.2	37.6	云南	8.7	8.5
江苏	40.0	34.2	西藏	0.8	0.6
浙江	31.5	26.7	陕西	6.2	3.3
安徽	9.6	7.6	甘肃	4.0	2.5
福建	20.7	16.5	青海	1.9	1.1
江西	3.7	1.6	宁夏	2.1	1.9
山东	32.6	31.5	新疆	8.5	7.2
河南	14.0	9.9	新疆兵团	1.0	0.6

（四）基金结存情况

2014 年，全国生育保险基金当期结存 78 亿元，比上年减少 7 亿元；比 2009 年增加 34 亿元，年平均增长 12.1%。累计结存 593 亿元，比上年增加 78 亿元，增长 15.1%；比 2009 年增加 381 亿元，年平均增长 22.8%。

三、享受待遇情况

（一）享受待遇人次情况

2014 年，享受各项生育保险待遇共 613 万人次，比上年增加 92 万人次，增长 17.6%；比 2009 年增加 439 万人次，年平均增长 28.6%。

享受医疗待遇 378 万人次，比上年增加 57 万人次，增长 17.8%；比 2009 年增加 296 万人次，年平均增长 35.7%。

享受津贴待遇 235 万人次，比上年增加 34 万人次，增长 16.9%；比 2009 年增加 143 万人次，年平均增长 20.6%。其中，享受女职工生育津贴 189 万人，比上年增加 25 万人，增长 15.2%；比 2009 年增加 116 万人，年平均增长 21.0%。享受计划生育津贴 26 万人次。

享受生育保险待遇人员中生育人数 243 万人，比上年增加 39 万人，增长 19.2%；比 2009 年增加 142 万人，年平均增长 19.2%。其中，顺产的有 116 万人，占生育人数的 47.6%，比上年增加 4.7 个百分点。

（二）生育待遇水平情况

2014 年，全国人均生育待遇支出为 14 457 元，比上年增加 1 002 元，增长 7.4%；比 2009 年增加 5 898 元，年平均增长 11.1%。

人均生育医疗待遇支出 4 001 元，比上年增加 144 元，增长 3.7%；比 2009 年增加 1 538 元，年平均增长 10.2%。

女职工生育津贴人均支出 13 458 元，比上年增加 1 496 元，增长 12.5%；比 2009 年增加 7 362 元，年平均增长 17.2%。

第六部分　社会保险基金运行状况

1998 年，财政部、劳动部、中国人民银行、国家税务总局联合下发《关于印发〈企业职工基本养老保险基金实行收支两条线管理暂行规定〉的通知》（财社字〔1998〕6 号），规定企业职工基本养老保险基金实行收支两条线管理。1999 年，国务院颁布《社会保险费征缴暂行条例》，进一步明确规定各项社会保险基金实行收支两条线管理，财政部和劳动保障部共同颁布了《社会保险基金财务制度》，同时财政部颁布了《社会保险基金会计制度》。2010 年，国务院印发了《关于试行社会保险基金预算的意见》（国发〔2010〕2 号），明确从 2010 年起在全国范围内建立社会保险基金预算制度。2012 年，社会保险法明确规定的社会保险基金项目全部纳入试编范围，自 2013 年起，汇总的全国社会保险基金预算向全国人大常委会报告，社会保险基金预算管理体系不断健全。

一、社会保险基金运行情况

2014年，基本养老保险（含城乡居民养老保险）、基本医疗保险（含城乡居民医疗保险）、工伤保险、失业保险、生育保险（以下简称“五项社保”）基金总收入39 828亿元，比2013年增加4 575亿元，增长13.0%；比2009年增加23 713亿元，年平均增长19.8%。其中，基金征缴收入32 734亿元，比2013年增加4 308亿元，增长15.2%；比2009年增加19 124亿元，年平均增长19.2%。

五项社保基金总支出33 003亿元，比2013年增加5 087亿元，增长18.2%；比2009年增加20 701亿元，年平均增长21.8%。

五项社保基金收支规模达到72 831亿元，比2013年增加9 662亿元，增长15.3%；比2009年增加44 414亿元，年平均增长20.7%。

五项社保基金累计结余52 463亿元，比2013年增加6 875亿元，增长15.1%；比2009年增加33 456亿元，年平均增长22.5%。

表 6—1 2009—2014 年社会保险基金收入、支出和累计结余情况

年份	基金收入						基金支出			基金累计结余		
	合计（亿元）	征缴收入（亿元）	增加额（亿元）	增长率（%）	增加额（亿元）	增长率（%）	合计（亿元）	增加额（亿元）	增长率（%）	合计（亿元）	增加额（亿元）	增长率（%）
2009	16 115	13 610	1 942	16.6	2 419	17.7	12 302	2 377	23.9	19 007	3 781	24.8
2010	19 278	16 223	2 613	19.2	3 163	19.6	15 018	2 716	22.1	23 407	4 400	23.1
2011	25 153	20 659	4 436	27.3	5 875	30.5	18 652	3 634	24.2	30 234	6 827	29.2
2012	30 739	24 915	4 256	20.6	5 586	22.2	23 330	4 678	25.1	38 106	7 872	26.0
2013	35 253	28 426	3 511	14.1	4 514	14.7	27 916	4 586	19.7	45 588	7 482	19.6
2014	39 828	32 734	4 308	15.2	4 575	13.0	33 003	5 087	18.2	52 463	6 875	15.1
年平均增长率	—	—	—	19.2	—	19.8	—	—	21.8	—	—	22.5

二、社会保险基金资产情况

2014年末，全国基本养老保险（含城乡居民养老保险）、基本医疗保险（含城乡居民医疗保险）、工伤保险、失业保险及生育保险基金资产总额55 477亿元，其中各级政府财政专户存款46 876亿元，各级社会保险经办机构支出户存款2 577亿元，暂付款3 789亿元，债券投资88亿元，委托运营（职工养老）706亿元，协议存款（职工养老）1 441亿元。职工养老保险基金资产占社会保险基金资产总额的61.4%。

表6—2　2014年各项社会保险基金资产[1]情况

单位：亿元

项目	合计	职工养老	居民养老	职工医保	居民医保	工伤	失业	生育
资产	55 477	34 088	4 123	9 675	1 362	1 137	4 496	596
现金	0	0	0	0	0	0	0	0
支出户存款	2 577	1 327	73	804	106	76	142	49
财政专户存款	46 876	27 456	3 745	8 651	1 217	1 054	4 210	543
暂付款	3 789	3 139	273	207	39	4	124	2
债券投资	88	20	33	12	0	3	20	1
委托运营（职工养老）	706	706	0	0	0	0	0	0
协议存款（职工养老）	1 441	1 441	0	0	0	0	0	0

[1] 表中基金资产含工伤保险储备金。暂付款，反映尚未收回的社会保险基金暂付款项（如周转金等）；债券投资，反映期末持有的用社会保险基金购买的国家债券的账面价值；委托运营，反映委托全国社会保障基金理事会运营的个人账户资金余额；协议存款为做实后的个人账户基金的一种投资方式，反映个人账户基金在商业银行的协议存款余额。

第七部分　机构建设和管理服务

2014年，社会保险经办机构（以下简称“经办机构”）在各级党委、政府和行政主管部门的领导下，按照精简、高效、统一的原则，大力推进经办机构整合和规范化、信息化、专业化建设，提高素质，改进作风，社会保险管理服务组织体系建设取得新进展。

一、经办机构情况

截至2014年底，全国县级及以上社会保险经办机构8 031个[1]，其中省级67个，地（市）级985个，县（区）级6 979个。按险种划分，养老保险经办机构3 227个（含多险合一，下同），医疗保险经办机构2 115个（含医疗、工伤、生育合一，下同），工伤保险经办机构342个，城乡居民养老保险经办机构1 437个，机关事业单位养老保险经办机构842个，其他经办机构68个[2]。经办机构总数与上年相比，减少了332个[3]；与2009年相比，增加了583个。

---

[1] 不包括人力资源社会保障部社会保险事业管理中心和单独设立的失业保险经办机构，下同。

[2] 指社会保险基金结算中心、医疗保险监督检查机构，下同。

[3] 新疆兵团178个团场社保所往年作为县级机构填报，经核实，其不具有独立法人资格，2014年将其剔除，因此经办机构实际减少154个。

表 7—1　2014 年分地区经办机构设置情况

单位：个

地区	数量	地区	数量
北京	24	湖北	375
天津	25	湖南	638
河北	510	广东	193
山西	555	广西	221
内蒙古	197	海南	20
辽宁	222	重庆	83
吉林	113	四川	522
黑龙江	253	贵州	148
上海	48	云南	407
江苏	307	西藏	19
浙江	138	陕西	429
安徽	316	甘肃	153
福建	343	青海	97
江西	344	宁夏	44
山东	514	新疆	111
河南	647	新疆兵团	15

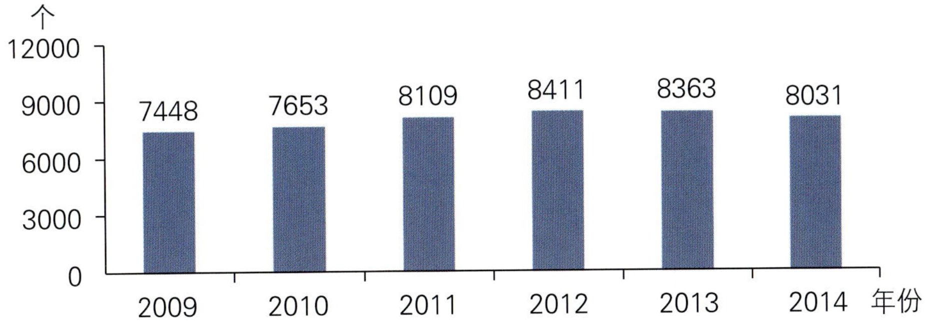

图 7—1　2009—2014 年全国经办机构设置情况

二、工作人员情况

（一）工作人员数量情况

截至 2014 年底，全国经办机构实有工作人员 178 598 人，其中省级 4 603 人，地（市）级 46 330 人，县（区）级 127 665 人。按险种划分，养老保险经办机构 101 418 人，医疗保险经办机构 45 201 人，工伤保险经办机构 3 059 人，城乡居民养老保险经办机构 18 471 人，机关事业单位养老保险经办机构 9 420 人，其他经办机构 1 029 人。实有工作人员总数与上年相比，增加了 1 168 人；与 2009 年相比，增加了 37 942 人。在实有工作人员中，女性有 94 428 人，占 52.9%。

（二）工作人员[1]岗位分布情况

2014 年实有工作人员中，管理人员 35 107 人，占实有人数的 19.7%，比上年增加 0.5%；业务人员 67 214 人，占 37.6%，比上年增加 0.8%；专业技术人员 55 981 人，占 31.3%，比上年减少 0.8%；其他人员 20 296 人，占 11.4%，比上年减少 0.5%。与 2009 年相比，分别增加 0.5%、减少 0.6%、减少 0.6%、增加 0.7%。

[1] 工作人员：包括管理人员（经办机构负责人和部门负责人）、专业技术人员（财会、统计、计算机和稽核等人员）、业务人员（除专业技术人员以外从事经办工作的人员）、其他人员（人事、党务、文秘、工青妇、工勤以及岗位不明确的人员）。

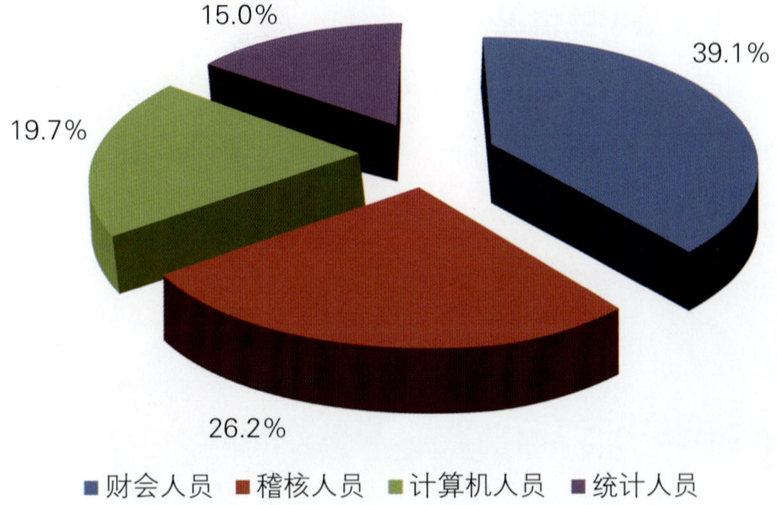

图 7—2 2014 年各类专业技术人员构成情况

（三）工作人员学历情况

2014 年实有工作人员学历：具有大专及以上学历的人员 163 565 人，占实有工作人员总数的 91.6%；与上年相比，提高了 1%；与 2009 年相比，提高了 5.2%。

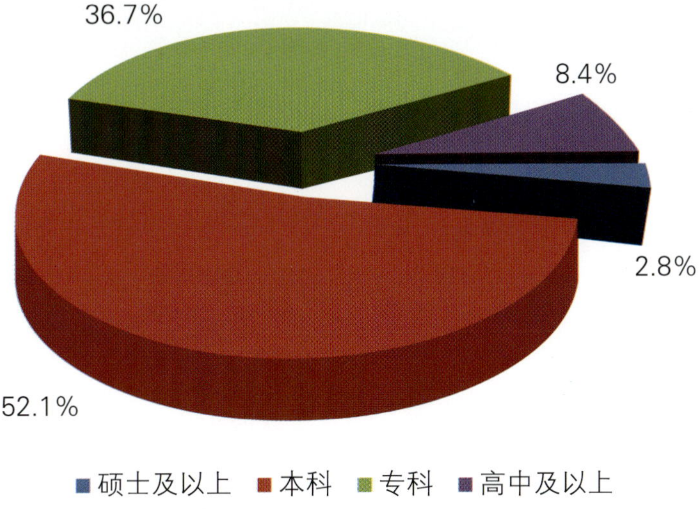

图 7—3 2014 年各种学历人员情况

（四）工作人员年龄情况

2014年实有工作人员年龄：45岁及以下的140 348人，占实有工作人员总数的78.6%；与上年相比，下降了0.5%；与2009年相比，下降了1.2%。

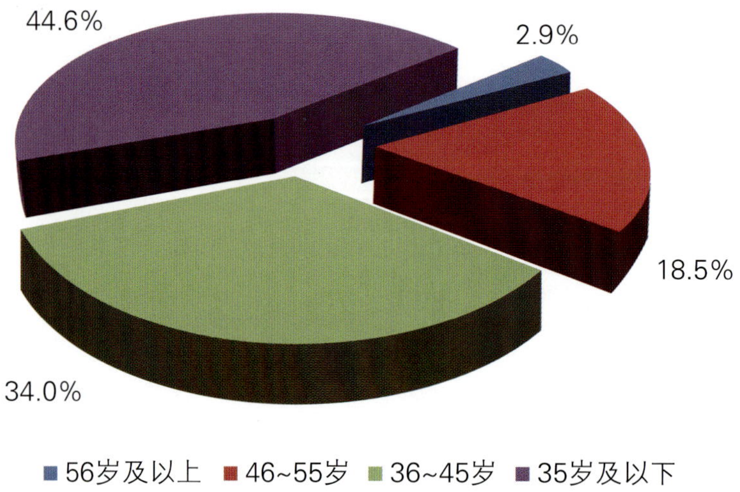

图7—4　2014年各年龄段人员情况

表7—2　2014年分地区经办机构实有工作人员情况

单位：人

地区	数量	地区	数量
北京	2 869	湖北	8 596
天津	1 298	湖南	10 221
河北	10 109	广东	10 731
山西	8 119	广西	5 581
内蒙古	6 126	海南	803
辽宁	8 078	重庆	3 058
吉林	3 934	四川	10 459
黑龙江	6 329	贵州	3 438
上海	2 471	云南	5 705
江苏	7 376	西藏	188
浙江	5 965	陕西	7 271

续表

地区	数量	地区	数量
安徽	4 405	甘肃	3 551
福建	4 353	青海	1 316
江西	6 378	宁夏	908
山东	11 088	新疆	3 626
河南	13 210	新疆兵团	1 038

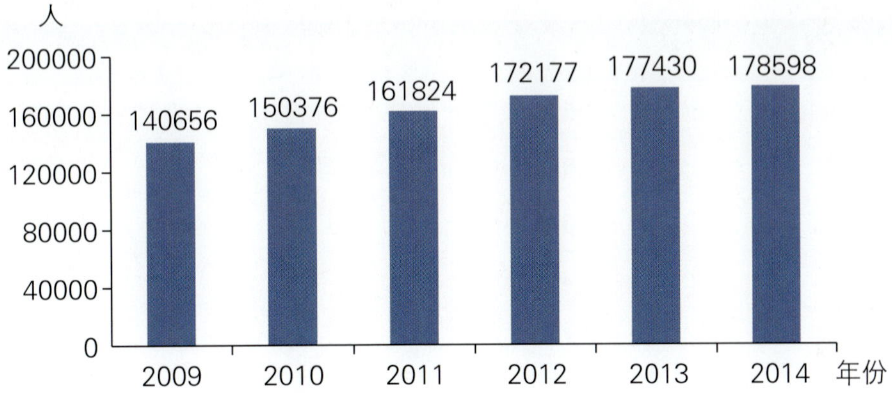

图 7—5　2009—2014 年全国经办机构实有工作人员情况

三、经费保障情况

2014 年，经费总支出 171 亿元，其中商品和服务经费支出 48.2 亿元，基本建设支出 4.2 亿元，人员经费支出 103.7 亿元，其他支出 14.9 亿元[1]，分别占总支出的 28.2%、2.5%、60.6%、8.7%。经费总支出与上年相比，增加了 13.2 亿元；与 2009 年相比，增加了 72.7 亿元。

[1] 根据财政部公布的《政府收支分类科目》，将经办机构经费支出分为商品和服务经费支出、基本建设支出、人员经费支出和其他支出四项（下同）。其中，商品和服务经费主要为社会保险经办运行费用和其他办公费用；人员经费为在职职工、临时工和聘用人员的基本工资、津贴补贴、奖金、医疗费、住房公积金、提租补贴、购房补贴，以及为上述人员缴纳的各项社会保险费用等。

2014 年，经费总支出与参保人次[1]比较，年人均支出 9.4 元 / 人次，与上年相比，增加了 0.4 元；与 2009 年相比，减少了 1.6 元。基本运行费用（商品和服务经费）与参保人员比较，年人均支出为 2.7 元 / 人次。基本运行费用与上年相比，减少了 0.1 元；与 2009 年相比，减少了 0.9 元。

表 7—3　2014 年各地经办机构经费支出情况

单位：亿元

地区	数量	地区	数量
北京	8.6	湖北	7.7
天津	2.6	湖南	8.0
河北	5.6	广东	15.2
山西	4.0	广西	4.4
内蒙古	4.3	海南	1.3
辽宁	6.4	重庆	4.5
吉林	4.1	四川	10.5
黑龙江	4.0	贵州	2.0
上海	9.3	云南	4.0
江苏	10.1	西藏	0.3
浙江	11.0	陕西	5.4
安徽	3.3	甘肃	2.6
福建	4.4	青海	1.0
江西	5.1	宁夏	1.2
山东	8.4	新疆	3.8
河南	6.9	新疆兵团	1.0

1 参保人次为各险种参保人员累加，2014 年全国参保人次 18.2 亿人次，不含失业保险，下同。

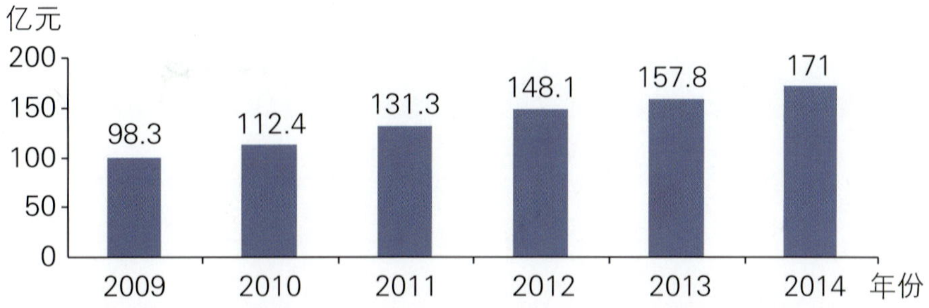

图 7—6　2009—2014 年全国经办机构经费支出情况

四、服务人次情况

2014 年，实有工作人员与参保人次比较，工作人员年人均服务人次达 1∶10 174。服务人次与上年相比，增加了 293 人次；与 2009 年相比，增加了 3 815 人次。

表 7—4　2014 年各地实有工作人员与参保人次比例情况

地区	工作人员（人）	参保人次（万人次）	比例（1∶人次）
北京	2 869	5 060	17 637
天津	1 298	2 282	17 581
河北	10 109	7 827	7 743
山西	8 119	4 347	5 354
内蒙古	6 126	2 869	4 683
辽宁	8 078	6 875	8 511
吉林	3 934	3 494	8 882
黑龙江	6 329	4 360	6 889
上海	2 471	4 853	19 640
江苏	7 376	11 752	15 933
浙江	5 965	11 886	19 926

续表

地区	工作人员（人）	参保人次（万人次）	比例（1：人次）
安徽	4 405	6 913	15 694
福建	4 353	4 798	11 022
江西	6 378	4 778	7 491
山东	11 088	13 366	12 054
河南	13 210	10 011	7 578
湖北	8 596	6 523	7 588
湖南	10 221	8 004	7 831
广东	10 731	22 915	21 354
广西	5 581	3 956	7 088
海南	803	1 191	14 832
重庆	3 058	5 969	19 519
四川	10 459	8 871	8 482
贵州	3 438	3 159	9 188
云南	5 705	4 315	7 564
西藏	188	262	13 936
陕西	7 271	4 328	5 952
甘肃	3 551	2 489	7 009
青海	1 316	610	4 635
宁夏	908	1 066	11 740
新疆	3 626	2 007	5 535
新疆兵团	1 038	536	5 164
人行	—	18	—
农发行	—	7	—
合计	178 598	181 697	10 174

五、社会化管理服务工作

截至 2014 年底，全国纳入社区管理的企业退休人员共 6 038 万人，占企业退休人员总数的 80.2%，比上年增加 1.1 个百分点；比“十一五”末期增加 1 694 万人，年平均增长 8.6%。21 个省份实现了异地联网待遇资格协助认证，全年累计办理认证业务 44.5 万笔，同比上年增加 20.3 万笔，增长 83.9%。

六、基层平台建设试点项目

自 2010 年试点启动以来，共支持 1 176 个县、4 381 个乡镇开展基层服务设施试点建设。截至 2014 年底，已有 544 个县、2 677 个乡镇完成试点项目建设并投入使用，有效改善了基层劳动就业和社会保障服务条件，提高了基层公共服务能力和办事效率。

全国已建立劳动保障工作机构的街道社区 81 051 个，占全部街道社区的 86.3%；已建劳动保障工作机构的乡镇 26 045 个，占全部乡镇的 88.0%。街道社区从事社会化管理服务的工作人员达到 14.0 万人，平均每个街道社区 1.5 人；乡镇从事社会化管理服务的工作人员有 6.5 万多人，平均每个乡镇 2.2 人。

七、社会保险经办管理服务标准

根据《人力资源和社会保障标准化规划（2011—2015 年）》和社会保险事业发展需要，“十二五”期间，社会保险领域共需完成 34 项国家及行业标准的制修订任务。2014 年底，已发布《社会保险服务　总则》《社会保障服务中心设施设备要求》《企业年金基金数据交换规范》《社会保险药品分类与代码》《社会保险视觉识别系统》《社会保险管理信息系统指标集与代码》《劳动能力鉴定　职业工伤与职业病致残等级》7 项标准；《社会保险术语　第 1 部分：通用》等 7 项标准已报国家标准委批准后发布；《社会保险经办业务流程　总则》等 15 项标准正在制定之中；其余 5 项标准于 2015 年启动制定。

八、社会保险经办管理服务信息化工作

（一）基础建设

2014 年，全国 32 个省级、257 个地级以上城市均建成了统一的数据中心。除西藏日喀则和青海玉树外，全国其他省份及新疆兵团均已实现了部、省、市三级网络互联，331 个地市实现了与省级数据中心的联网，并加速向街道、社区、乡镇基层服务机构和定点医疗机构延伸，街道联通率为 93.7%，社区联通率为 81.1%，乡镇联通率为 91.2%，定点医疗机构联通率为 90.8%。初步形成了多业务共享、高效传输、统一管理、分级维护的全国网络体系。

（二）业务管理系统

全国统一的社会保险管理信息系统已普遍在各地推广使用，支持各项社会保险业务的统一经办管理与服务，核心业务系统已普遍实现地市级集中，并正向省级集中迈进。全国跨地区业务系统建设实现快速推进。2014 年全年办理社会保险关系转移 181.6 万人次；开展异地居住退休人员待遇资格协助认证 44.5 万人；支持养老保险待遇状态比对查询 3 452 万人次；28 个省份建立了省内异地就医结算系统。

（三）公共管理服务

随着“电子社保”示范城市建设的推进，目前全国省级经办机构网上服务已基本开通，地市经办机构网上服务开通比例达 60%。全国 31 个省份和新疆兵团实现了 12333 电话咨询服务的省级全覆盖，地市及以上

人社部门开通数量达到340个，年话务量7 839万人次，成为群众熟知的社会服务品牌，10个地区的电话咨询服务机构荣获了“全国优质服务窗口”称号。一些地区还建立了集自助终端、互联网平台、手机短信、微信公共服务平台、App客户端等方式于一体的信息服务体系，提供自助查询和办理业务服务功能，为社会公众提供贴心、便捷的服务。

（四）社会保障卡

截至2014年底，全国社会保障卡持卡人数达到7.12亿人，涉及30个省份和新疆兵团，实际发卡地区达到354个（含省本级、新疆兵团各师），覆盖率达92.2%，其中26个省份已实现所辖地市全部发卡。2014年，社会保障卡应用全面启动，280个地市实现医疗保险结算应用；140个地市实现医院挂号、诊疗、取药等应用；98个地市实现工伤和生育保险医疗费用结算应用；146个地市实现领取养老金应用，130个地市实现养老保险个人缴费应用；50个地市实现领取失业金和工伤、生育津贴应用。一些地区还将应用逐步拓展到求职招聘、就业失业登记、享受职业培训补贴、小额担保贷款、公积金领取、政府涉农补贴进卡等领域。

第八部分　补充保险

一、企业年金[1]

1996年，劳动部按照党中央、国务院关于建立多层次的养老保险体系的要求，颁布《企业职工补充养老保险试行办法》。2004年以后，劳动保障部陆续颁布《企业年金试行办法》（劳社部令第20号）、《企业年金基金管理试行办法》（劳社部令第23号）、《企业年金基金管理机构资格认定暂行办法》（劳社部令第24号）以及《关于企业年金方案和基金管理合同备案有关问题的通知》（劳社部发〔2005〕35号）等规定，逐步构建了我国企业年金制度。2011年，修订《企业年金基金管理办法》（人社部令第11号），进一步规范了企业年金基金管理，完善了企业年金制度。按照《企业年金基金管理机构资格认定暂行办法》对管理机构进行资格认定，目前共有34家机构获得57个企业年金管理资格。

近十年，企业年金不断发展。建立企业年金的企业，从国有企业逐步向其他所有制企业扩展；管理方式从单一计划向集合计划、养老产品扩展；投资范围从国债、银行存款、上市公司股票逐步向多类投资品种

[1] 企业年金：指企业及其职工在依法参加基本养老保险的基础上，自愿建立的补充养老保险制度。由企业和职工共同缴费，采取个人账户方式管理，实行基金完全积累和市场化运营管理。

扩展。随着参保人员数量的不断增加，基金规模不断增大，企业年金作为养老保险第二支柱的作用逐步显现。

（一）基本情况

截至2014年底，全国建立企业年金的企业7.3万户，比上年增加0.7万户，增长10.9%；比2009年增加4.0万户，年平均增长17.0%。参加职工2 293万人，比上年增加237万人，增长11.5%；比2009年增加1 114万人，年平均增长14.2%。企业年金基金累计结存7 689亿元，比上年增加1 654亿元，增长27.4%；比2009年增加5 156亿元，年平均增长24.9%。

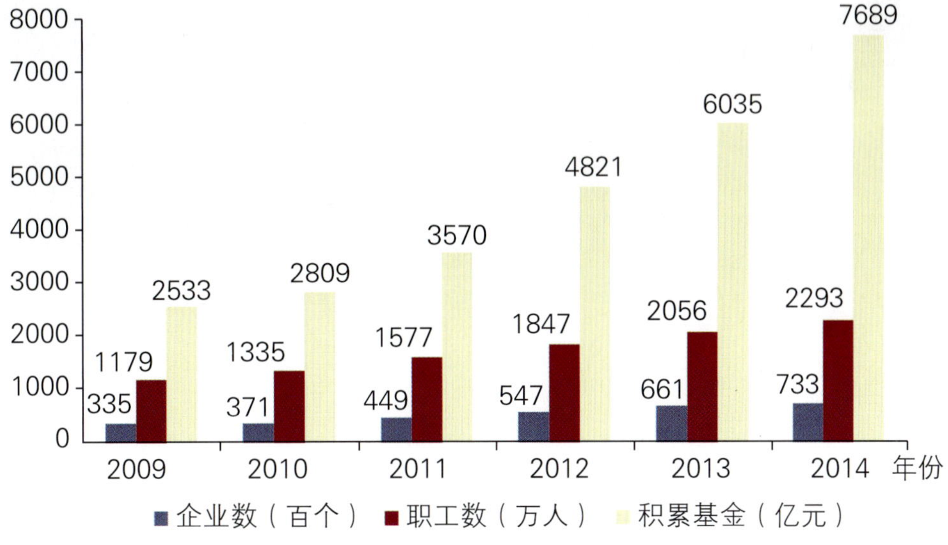

图8—1 2009—2014年企业年金基本情况

表 8—1　2014 年分地区企业年金基本情况

备案地	企业账户数（个）	职工账户数（人）	资产金额（万元）
北京	3 612	112.3	249.9
天津	1 278	25.5	47.4
河北	929	52.5	76.5
山西	797	56.7	196.9
内蒙古	400	25.4	38.8
辽宁	1 296	44.3	105.4
吉林	357	19.3	41.7
黑龙江	780	20.0	45.3
上海	8 976	137.5	499.4
江苏	3 989	73.8	237.0
浙江	2 510	53.8	175.9
安徽	970	48.5	188.3
福建	2 100	45.5	128.7
江西	762	22.6	55.7
山东	3 417	70.3	184.4
河南	2 427	84.4	105.9
湖北	1 114	37.7	107.9
湖南	434	33.1	76.5
广东	8 086	127.4	221.7
广西	2 757	25.1	41.8
海南	255	3.0	7.0
重庆	462	11.1	32.8
四川	1 064	37.7	89.1
贵州	358	17.3	44.5
云南	665	30.9	105.6
西藏	13	0.9	1.9
陕西	468	41.3	109.3
甘肃	358	47.5	67.7
青海	134	6.3	15.2

续表

备案地	企业账户数（个）	职工账户数（人）	资产金额（万元）
宁夏	198	5.6	17.5
新疆	511	14.9	47.9
新疆兵团	5	1.0	5.8
大连	1 412	8.4	20.7
青岛	1 577	8.0	16.4
宁波	538	9.6	8.6
厦门	11 682	17.3	25.2
深圳	1 393	39.7	132.0
人力资源社会保障部	5 177	876.7	4 116.7
合计	73 261	2 292.9	7 689.0

（二）投资管理情况

2014 年企业年金建立组合数 2 740 个，实际运作资产金额 7 403 亿元，投资收益 581 亿元，加权平均收益率 9.30%。

表 8—2　2009—2014 年企业年金基金投资管理情况[1]

年份	投资组合数（个）	资产金额（亿元）	当年加权平均收益率（%）
2009	1 049	1 591	7.78
2010	1 504	2 453	3.41
2011	1 882	3 325	–0.78
2012	2 210	4 452	5.68
2013	2 519	5 784	3.67
2014	2 740	7 403	9.30
年平均	—	—	4.79

[1] 组合数和资产金额为期末全部组合情况；当年加权平均收益率计算的样本为投资运作满当年的投资组合；年平均收益率为 2009 年以来历年收益率的几何平均。

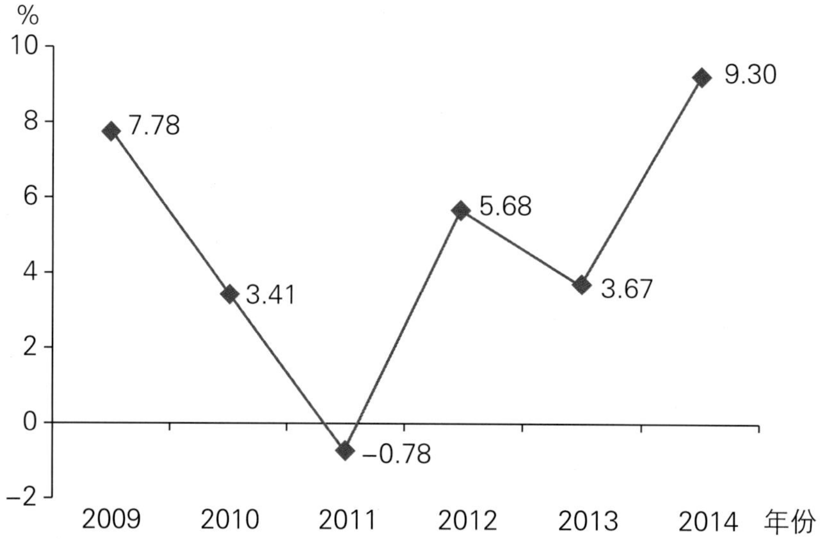

图 8—2　2009—2014 年企业年金基金投资收益率情况

（三）待遇发放情况

2014 年企业年金领取人数 47.6 万人，比上年减少 10.2 万人；领取金额 141.3 亿元，比上年减少 54.8 亿元。

其中，一次性领取人数 20.2 万人，比上年减少 17.2 万人；领取金额 91.6 亿元，比上年减少 77.4 亿元。分期领取人数 27.4 万人，比上年增加 7.0 万人；领取金额 49.7 亿元，比上年增加 22.6 亿元。

二、补充医疗保险[1]

（一）参保情况

2014 年底，补充医疗保险参保人数为 26 560 万人，比上年底增加 2 374 万人，增长 9.8%；比 2009 年增加 8 560 万人，年平均增长 8.1%。

[1] 补充医疗保险：根据《国务院关于建立城镇职工基本医疗保险制度的决定》（国发〔1998〕44 号）的规定，在基本医疗保险的基础上，建立多层次的医疗保险形式，包括职工大额医疗费用补助、公务员医疗补助和其他补充医疗保险。

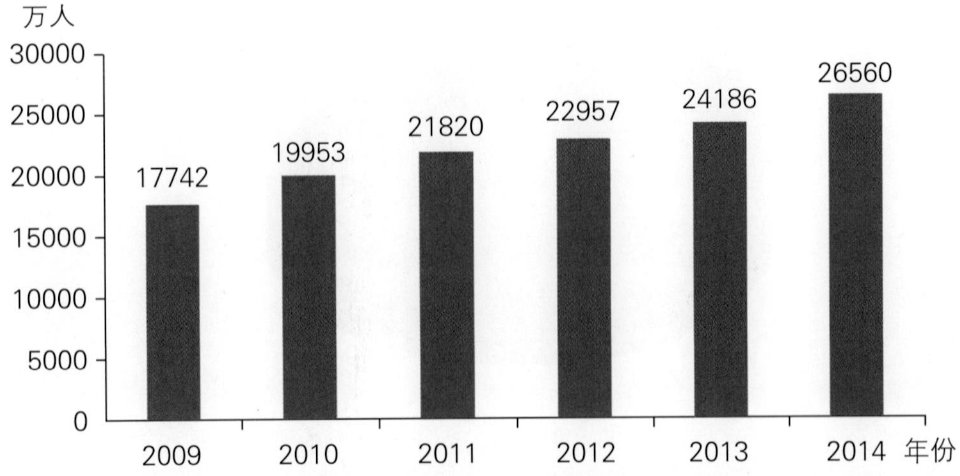

图 8—3 2009—2014 年补充医疗保险参保人数情况

2014 年，职工大额医疗费用补助、公务员医疗补助[1]和其他补充医疗保险参保人数分别为 21 887 万人、1 843 万人和 2 830 万人，分别占职工补充医疗保险参保总人数的 82.4%、6.9% 和 10.7%。

职工大额医疗费用补助参保人数比上年增加 1 826 万人，增长 9.1%；比 2009 年增加 6 977 万人，年平均增长 8.0%。

公务员医疗补助参保人数比上年增加 175 万人，增长 10.5%；比 2009 年增加 513 万人，年平均增长 6.7%。

其他补充医疗保险参保人数比上年增加 373 万人，增长 15.2%；比 2009 年增加 1 328 万人，年平均增长 13.5%。

[1] 公务员医疗补助：根据原劳动保障部、财政部《关于实行国家公务员医疗补助的意见》的规定，公务员医疗补助的范围包括符合《国家公务员暂行条例》和《国家公务员制度实施方案》规定的国家行政机关工作人员和退休人员；经人事部或省、自治区、直辖市人民政府批准列入参照国家公务员制度管理的事业单位的工作人员和退休人员；经中共中央组织部或省、自治区、直辖市党委批准列入参照国家公务员制度管理的党群机关，人大、政协机关，各民主党派和工商联机关以及列入参照国家公务员制度管理的其他单位机关工作人员和退休人员；审判机关、检察机关的工作人员和退休人员。

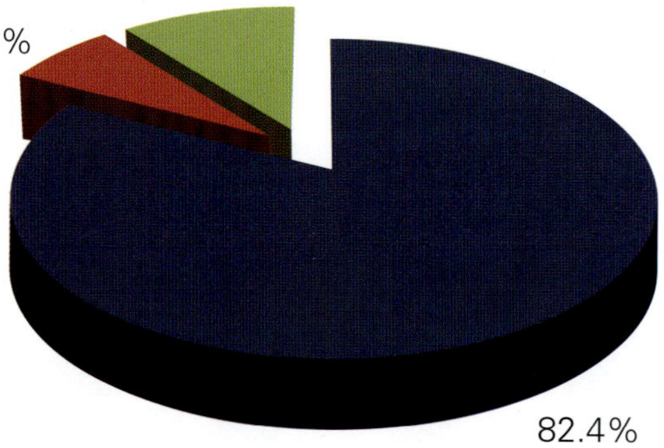

图 8—4　2014 年补充医疗保险参保人员构成情况

（二）基金收支情况

1. 基金收入情况

2014 年，补充医疗保险基金收入 650 亿元，比上年增加 114 亿元，增长 21.3%；比 2009 年增加 408 亿元，年平均增长 21.8%。

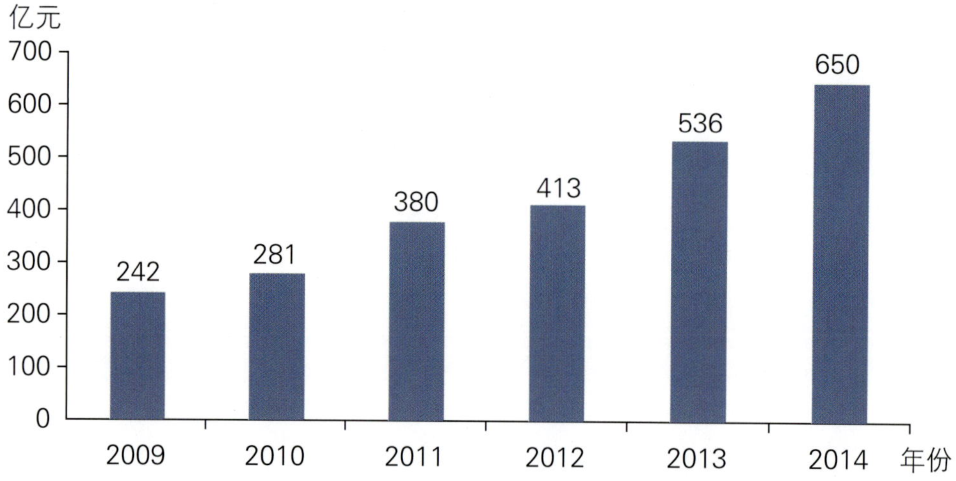

图 8—5　2009—2014 年补充医疗保险基金收入情况

2. 基金支出情况

2014 年，补充医疗保险基金支出 477 亿元，比上年增加 79 亿元，增长 19.8%；比 2009 年增加 292 亿元，年平均增长 20.9%。

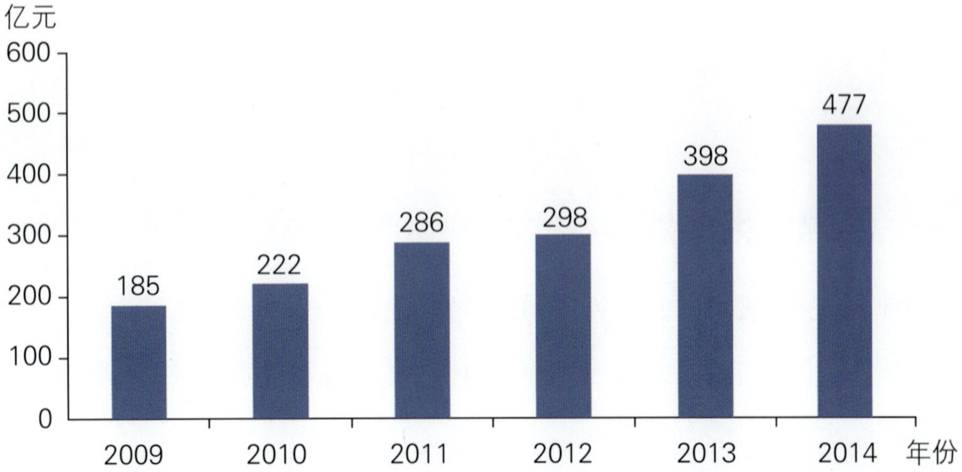

图 8—6　2009—2014 年补充医疗保险基金支出情况

3. 基金累计结余情况

2014 年，补充医疗保险基金累计结余 924 亿元，比上年增加 174 亿元，增长 23.2%；比 2009 年增加 594 亿元，年平均增长 22.9%。

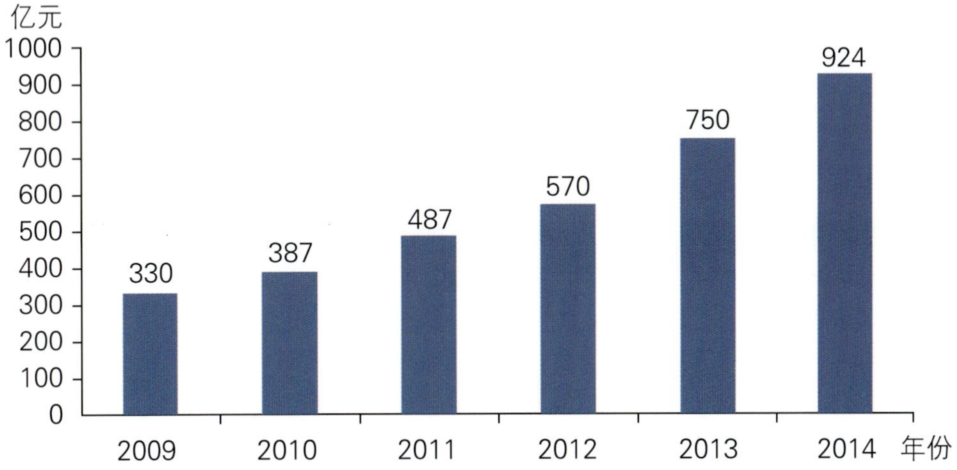

图 8—7　2009—2014 年补充医疗保险基金累计结余情况

第九部分　2014 年社会保险重要文件目录

一、全国人大文件

全国人民代表大会常务委员会关于《中华人民共和国刑法》第二百六十六条的解释（2014 年 4 月 24 日第十二届全国人民代表大会常务委员会第八次会议通过）

二、国务院文件

国务院关于建立统一的城乡居民基本养老保险制度的意见（国发〔2014〕8 号）

三、最高人民法院文件

最高人民法院关于审理工伤保险行政案件若干问题的规定（法释〔2014〕9 号）

四、国务院有关部门文件

1. 人力资源社会保障部　财政部关于印发《城乡养老保险制度衔接暂行办法》的通知（人社部发〔2014〕17 号）

2. 人力资源社会保障部关于实施“全民参保登记计划”的通知（人社部发〔2014〕40 号）

3. 人力资源社会保障部关于进一步加强基本医疗保险医疗服务监管的意见（人社部发〔2014〕54 号）

4. 人力资源社会保障部关于开展社会保险基金安全评估试点的通知（人社部发〔2014〕66 号）

5. 人力资源社会保障部　财政部　国家发展和改革委员会　工业和信息化部关于失业保险支持企业稳定岗位有关问题的通知（人社部发〔2014〕76 号）

6. 人力资源社会保障部关于实施修订后劳动能力鉴定标准有关问题处理意见的通知（人社部发〔2014〕81 号）

7. 人力资源社会保障部关于进一步健全社会保险信息披露制度的通知（人社部发〔2014〕82 号）

8. 人力资源社会保障部　财政部　国家卫生和计划生育委员会关于进一步做好基本医疗保险异地就医医疗费用结算工作的指导意见（人社部发〔2014〕93 号）

9. 人力资源社会保障部　住房城乡建设部　安全监管总局　全国总工会关于进一步做好建筑业工伤保险工作的意见（人社部发〔2014〕103 号）

10. 工伤职工劳动能力鉴定管理办法（人力资源社会保障部　国家卫生计生委令第 21 号）

11. 国务院医改办关于加快推进城乡居民大病保险工作的通知（国医改办发〔2014〕1 号）

12. 发改委等十二部门关于加快实施信息惠民工程有关工作的通知（发改高技〔2014〕46 号）

13. 国家发展改革委　国家卫生计生委　人力资源社会保障部关于非公立医疗机构医疗服务实行市场调节价有关问题的通知（发改价格

〔2014〕503 号）

14. 劳动能力鉴定　职工工伤与职业病致残等级（国家标准化管理委员会 2014 年 9 月 3 日发布　GB/T 16180—2014）

15. 人力资源社会保障部办公厅关于贯彻实施《城乡养老保险制度衔接暂行办法》有关问题的通知（人社厅发〔2014〕25 号）

16. 人力资源社会保障部办公厅关于印发扩大企业年金基金投资范围和企业年金养老金产品有关问题政策释义的通知（人社厅发〔2014〕35 号）